一字千金

好文案就是印钞机

叶小鱼　田小野　解婷茹◎主编

文化发展出版社
Cultural Development Press
·北京·

图书在版编目（CIP）数据

一字千金 / 叶小鱼，田小野，解婷茹主编．— 北京 ：文化发展出版社，2024．12．— ISBN 978-7-5142-4595-0

Ⅰ．F713.8

中国国家版本馆 CIP 数据核字第 2024TT6164 号

一字千金

叶小鱼　田小野　解婷茹　主编

责任编辑：袁兆英　　责任校对：侯　娜
责任印制：邓辉明　　封面设计：孙　怡
出版发行：文化发展出版社（北京市翠微路 2 号　邮编：100036）
网　　址：www.wenhuafazhan.com
经　　销：全国新华书店
印　　刷：河北盛世彩捷印刷有限公司

开　　本：880mm×1230mm　1/32
印　　张：10.25
字　　数：197 千字
版　　次：2024 年 12 月第 1 版
印　　次：2024 年 12 月第 1 次印刷

定　　价：59.00 元
I S B N：978-7-5142-4595-0

◆ 如有印装质量问题，请电话联系：0318-6658666

序：一句打动你的话，就能带来源源不断的钱和机遇

普通人如何找到属于自己的人生杠杆

一句话就能做到一字千金？是的！这一点，在我们日常文案写作工作中，是完全可以做到的。比如，写一句广告语，看起来简简单单一句话，但是却可以有一字千金的价值，并且给企业带来几十倍的业绩提升，成为企业的印钞机。

这么看，是不是超级简单？但是为什么还有一句话只赚个几十块钱，顶多只能到三五百的价格？这时候，你就会发现，这句话背后思考的逻辑和付出的时间精力是完全不同的。简单写出来的一句话，可能只是一拍脑袋写出来的，但回报更高的那句话，需要经历市场调研、分析、企业本身的资源梳理等，最后才写出的一句话。并且，这句话背后，还给企业未来指明方向，自然价格不菲了。

看到这，你可能还会想，这个跟我有什么关系？其实我想说，很多事情的底层逻辑是相通的，企业能通过一句话找到自己的印钞机，那么，我们普通人有没有可能也能拥有这样一字千金的“印钞机”？我觉得是完全有可能的！

一句打动你的话，就可以成为你的人生杠杆

“懂得很多道理，却依然过不好这一生”，听到这句话你是不是立即点头认可？

不知道你有没有想过，为什么会过不好这一生？我想过这个问题，最终得到的答案是：因为，每个人“懂”的标准不同，大部分人觉得“懂”就是“知道”，而知道一个道理，并不代表会落实到行动中去，没有行动，就不会有任何改变。

也许我们一生并不需要知道很多道理，只要曾经打动过你的一句话，你被影响且真正的“动”了，就能达到一字千金的效果。这样，人生可能就大不相同了！

我很喜欢这句话：“没有伞的孩子，要努力奔跑！”因为我就是一个普普通通的人，没有上一代人铺路，独自南下深圳，一切都要靠自己努力。这句话无时无刻不在提醒我，既然没有任何助力，你就得付出比别人更多的努力去学、去做。这句话成了我内

在源源不断的动力源，让我放下一切妄念，脚踏实地去做自己能做的，也让我在30岁后找到了价值所在，实现了财富的跃迁。我在想，除了我本身做的营销文案工作帮别人带来一字千金的效果，这个影响我人生的一句话，能不能也让更多人动起来？看过这个故事的人，哪怕只有一个人因此在人生低谷中振奋起来，那么故事里的那句话也是具有一字千金价值的，也会成为他人生的“杠杆”！

每个人都有故事，都有灯塔般的一句话

每个人在成长中，都有一句一字千金的话，成为灯塔般的存在。这本书里，我们找到很多优秀的小伙伴，都分享出属于自己的那句话，也希望成为你一字千金的“人生杠杆”。

田小野　从世界500强企业裸辞带娃的全职妈妈，高级育婴师、高级家庭教育指导师、心理咨询师、今日头条优质育儿领域创作者。她善于内省，因儿时经历而有毅力去学习和改变育儿方法，而且在实践中卓有成效，还实现了自我成长。未来想用自己的经历和感悟去触动更多人的心灵。

解婷茹　国家二级心理咨询师、荣格八维流派研究者、梦屿

面包体播客主理人，开展公益性咨询，致力于帮助个体都更加了解自己。她在文章中以亲身经历，展现了个体自我认知和价值感重建的重要性，引人深思。

罗优　有10年营销经验的专业视频制作人，纪录片爱好者，人物故事拍摄者，央视纪录片《家乡至味·曲靖味道》摄像，抖音游戏主播：战争雷霆ROMAN。他在文章中以亲身经历，展现了追梦与成长的心路历程，叙述流畅，情感饱满，激励读者勇敢追梦。

飞扬　“80后”职场宝妈，坚持不懈的追梦人，不惧挑战的行动派。三个故事，展现了三位主人公在面对生活挑战时的不同态度和选择，激励人们积极面对生活，语言质朴，引人深思。

佩谊　华谊奢品主理人，奢侈品箱包鉴定师，二奢职业技能培训讲师，NLP国际专业执行师。她以自己的亲身经历，描述了自己在成长过程中成功追求幸福的曲折过程，对暂时遭遇挫折的人极具激励意义。

爱可儿　UI/UE设计师，插画师，跨境电商探索者，数字游民浅尝者。曾任职中国移动页面设计师，曾参与法国Giift集团千万级别投融资项目。她的故事真实感人，职场挑战描述细腻；逻辑性强，展示了作者从设计师到产品经理的转变和成长。

宝宝姐　香港中文大学优秀硕士毕业生，20年一线教学经验，亲子教育杰出工作者，公众号“遇见宝宝姐”创始人。她讲述了自己从内地到香港的奋斗历程，故事感人，语言流畅，展现了作者的教育智慧和母爱的力量。

小马姐 营销策划师，公寓运营人，家庭教育讲师，终身学习者。她以亲身经历，讲述了如何在中年职场瓶颈期，通过创造被动收入实现自我突破的故事。语言质朴真挚，逻辑清晰有序，故事鼓舞人心，充分展现了坚持与努力的意义。

奚沄辰 专注家庭教育与心理疗愈十余年，美国正面管教协会认证学校与家长双讲师、社会情感学习讲师、鼓励咨询师、Livingworks官方认证自杀预防安全员、高级家庭教育指导师、思维导图培训师、非暴力沟通践行者。她讲述了自己从挣扎到自我救赎的过程，展现了坚持与保持希望的精神。

王翎菲 国家二级心理咨询师、中医整合催眠高级讲师、学习能力训练师。她勇于转型自己的事业，在教育工作的实践中，针对不足而不断学习成长。深刻领悟到因材施教，激发孩子内在的学习动力，才能取得最佳成果。同时还发现孩子的身体健康与学习能力之间存在着不可忽视的联系。

婕琳 梦想清单讲师，倍速成长书写营主理人，帮助女性通过书写实现倍速成长。她的文章以“提升幸福感”为主题，通过自己的亲身经历，分享了三个实用秘籍。这三个实用秘籍很值得想要“提升幸福感”的人借鉴。

吴小丹 高绩效管理教练授证讲师与践行者、绩效改进师、资深培训、育儿爱好者。她时刻保持危机感，对自己的事业发展想得比较长远，并且不安于现状，不忘初心地拼搏向上。她期望做工作和生活并驾齐驱的成年小孩。

宅宅 创意和文化产业管理硕士，长期主义体验派践行者，梦想拥有一家可以记录不同生命故事的甜点店。她通过成长经历，探讨了自我发现与追求梦想的旅程，成功传达了勇于探索、不断学习的重要性。

文阿布 专业文案、叶小鱼老师文案营优秀学员、方烟雨文案团队内容官，为多个行业的龙头企业、知识IP、品牌创始人提供文案策划和内容支持。她所有的改变，都始于一次勇敢的“开始”；她的故事，始于一次痛苦的觉醒，成长于不懈的努力，最终绽放于对写作的热爱与坚持。

谭仔Tanzai 幕墙设计|歌手，养生花果茶主理人，《我的人生选择》播客主理人。她以个人成长和探索经历为主线，讲述了一个关于自我发现和追求梦想的故事。语言生动，情感丰富，给人以力量。

渔子清 视觉传达设计师，中国非遗手艺大师的弟子，她力量·流量商学院导师，国内头部AI付费社群优秀会员，小红书

100余万阅读量内容创作者。她展示了如何通过不断学习和适应新工具来实现自我提升。传达了积极进取、勇于探索的精神。

菜穗　菜穗读书会创始人；5年文案写作经验，5年深度阅读经验。1篇公众号文章带来近30万销售额；通过朋友圈文案11个月变现超40万元。她讲述了一个从负债到成功逆袭的励志故事，语言质朴，情感真挚，展现了她坚韧不拔的精神和对文案的深刻理解。

黄雪娜　群接龙微微优品团的主理人，豆果美食、今日头条、视频号、小红书、抖音的美食博主，2022年在第七届中国家庭烘焙料理大赛获得优秀奖，2022年在西班牙的超级食物烹饪大赛获得二等奖。她的文章以美食为线索，讲述了自己从家庭主妇到美食博主的转变以及对美食的热爱和对生活的积极态度，读来能对人产生积极的影响。

洛伊　心理倾听师，读书号博主，终身成长的践行者，阅读、写作的重度爱好者。她在文章中以亲身经历，展现了从迷茫到找到人生方向的转变，读来很是鼓舞人心。

马维申　从业8年资深商业新媒体运营，INFP-A型人格，养猫丁克，为女性发声。她叙述了自己在商场新媒体运营方面的丰富经验及新媒体工作的挑战与机遇，极具启发性。

有音乐就能活的大葱　从事教育行业十余年，唱过2000多首不同语言和曲风歌曲的音乐达人。她在文章中叙述了亲身经历，展现了在逆境中挣扎求生的坚韧，成功传达了不屈不挠、坚持到底的精神。

刘不住　经典I（内向型）人，自我觉察爱好者，国家三级心理咨询师。其在文章中以亲身经历，探讨了社交恐惧和自我接纳的问题，观点鲜明，方法实用。

秋晔　毕业于山东师范大学新闻系，有25年职业生涯，考取过人力资源管理、心理咨询师、营养师等证书。她不断学习，勇于接受挑战，不断突破自己，保持乐观心态并解决工作中遇到的每一个问题，体验不同工作后，她发现了最大的爱好及优势就是写作。

陈蕙茗　前500强企业5年增值业务经理和10年产品经理，深圳南山图书馆“践书+”训练营主理人。从0到1做成了教育、电子商务等10多个项目，为超1亿用户提供过深度服务。作者讲述了在逆境中坚持与成长的故事，展现了不屈不挠、追求卓越的人生态度。

余若水　终身学习者、阅读教练，金钱关系咨询师、中式心学导师，梦想身形健康管理学院膳康大使。作者以亲身经历，展现了从抑郁到自愈的心路历程。情感真挚，鼓舞人心。

亲爱的曾璐　地产策划总监、品牌文案顾问、“亲爱的”婚恋品牌主理人。她在困难和挑战中，坚毅并勇敢地探索未来发展道路，在逆境中依然有寻找希望的积极心态，努力学习，让自己获得成长，回归生活后有重新出发的勇气。

韩冰 硕士毕业于中国科学院大学，拥有10年互联网大厂经验。信息系统项目管理师（高级），用户增长产品专家，终身学习践行者。他讲述了自己的成长历程，从黑暗中的挣扎到大学期间的努力，再到职场中的奋斗，展现了不屈不挠的精神。

裕剑 国际项目管理师（PMP），致力于让产品推动世界进步。她通过职场经历，探讨了个人成长与职业发展。成功传达了积极进取、不断学习的重要性。

李小玲 泸州老窖专营店店主，阅读推广人，《书旅生活》主理人。其以深情细腻的笔触，记录了自己从自卑到自强，再到精神回归的心灵成长之旅，充满正能量。

飞翎 私域文案营销导师，飞翎书写坊主理人，10年商业策划人，“85后”二孩职场宝妈。她从宝妈的视角展现了来自职场与家庭的双重挑战，通过自身经历传递了积极向上、不断学习的生活态度，鼓舞人心。

晴岚 “80后”职业女性，文案创作者，生活美学践行者。她勇于踏出舒适区，将危机转化为职业转型的跳板。经历了自我探索，度过认同危机后，实现了中年职业转型。之后努力学习，挖掘潜力，在实践中提升了自我。

珊瑚 三家公司的CEO，培园心灵成长系列品牌创始人，东南亚海外影视剧投资人，爱魔黎司护肤品品牌创始人。她肯定了活出热情、打破惯性和生活在真实中的重要性，表达了自己对人生的独特思考，给人以启迪。

司司 “00后”文案写手、远方好物分享主，践行健康人生模式的复盘已千余天。她敢想敢干，自立自强，注重学习，致力于通过一个健康、可持续发展的人生模式，走向自己想要的结果。她不断成长，最终收获了战胜未知和恐惧的强者心态。

曹慈晏 龙凤胎妈妈，5点早起践行者，超能智慧阅读分享者。她讲述了从迷茫到觉醒的心路历程，展现了自我探索和成长的力量，故事感人，富有启发性。

嫣紫柒 探索自我内心疗愈的践行者、叶小鱼文案课程咨询师。面对命运的捉弄，她没有低头认输，而是努力去寻找突破的路。她不仅找到了自己的价值所在，还成了他人的引路人和见证者，实现了蜕变。

夏天 讨厌一成不变，喜欢一直折腾的姑娘，拿过手术刀，文能写广告文案，武能独立飞滑翔伞，叶小鱼营销工作室负责人。她通过多重职业体验，探讨了坚持自我和追求梦想的重要性。传达了不断探索、勇敢追梦的信念。

地图鱼　爱挖掘文案宝藏的家伙，指尖上跳动的灵魂舞者，叶小鱼助手，叶小鱼文案团队成员。作者讲述了自己的成长历程和心路历程，语言质朴而富有感染力，清晰地展现了自身从迷茫到坚定的转变，易引发读者的共鸣。

最后，感谢每一位作者，我们一起写下了生命中的那句一字千金的话。这不仅是自我记录，还是向世界发出的正向呼声。特别感谢大咖书房的用心策划，为本书的出版付出了诸多心血。同时，感谢阅读这本书的你，阅读就是对我们呼声的回应，希望我们的故事可以带给你力量，让你的生命里也生长出那句一字千金的话！

叶小鱼

2024年10月18日

扫码添加《一字千金》联合作者

叶小鱼

田小野

解婷茹

宝宝姐

小马姐

王翎菲

婕琳

渔子清

菜穗

黄雪娜

洛伊

陈蕙茗

余若水

亲爱的曾璐

韩冰

珊瑚

司司

曹慈晏

合集出书 ›››

帮你从 0 到 1 实现出书梦想

今天，出书不再是少数人的机会。「大咖书房」为了帮助普通人实现出书梦想，正式发起了「畅销书 IP 计划」。

我们将和知名畅销书作家、资深编辑和写作导师一路，带你深度体验写书出书的关键过程。即使你从未有过任何写作和出书经验，也能在大咖书房的精心辅导下，实现自己期待许久的出书梦想。

独著出版 ›››

畅销书 = 流量 + 影响力 + IP + 产品 + 变现

出一本书，就意味着你在该领域的影响力、发言权和领先地位。而成功打造一本爆款畅销书，能让你的影响力快速放大，为你带来更多领域上的成功。

如此多的知识作家和 IP 愿意选择**大咖书房**，

就是因为我们能为你带来**高效专业**的

定位、写书、出书、推广和销售的全站式服务。

罗优

飞扬

佩谊

爱可儿

吴小丹

宅宅

文阿布

谭仔 Tanzai

马维申

有音乐就能活的大葱

刘不住

秋晔

裕剑

李小玲

飞翎

晴岚

嫣紫柒

夏天

地图鱼

目　录

CONTENTS

叶小鱼

没有伞的孩子，
要努力奔跑

叶小鱼文案学社创始人

《新媒体文案创作与传播》作者

《文案变现》作者

万科、招商银行等500强企业文案讲师

“小镇青年、大专毕业、没钱、没背景”这几个词描述的就是我，而这样的一个我，怎么也想不到，做文案工作都怕过不了试用期的我，在30岁以后，会出《新媒体文案创作与传播》《文案变现》这两本文案畅销书，其中第一本还成为双一流大学的文案教材。成为500强企业的特聘文案讲师，影响到上百万人，做出了千万级的爆款文案课，也带着两万人在文案训练营里深度学习，发出稿费超百万……给甲方提供营销文案服务，连连被甲方主动加钱甚至给出远超我预期6倍的价格！

如果要问我，这一切都是为什么，可能我只会想到这句让我震撼的话：没有伞的孩子，要努力奔跑！

01. 月薪3000就是一声起跑令

我生活在江西南昌进贤县里的衙前乡，是个留守儿童，我跟奶奶相依为命，年幼时小脑袋就开始盘算着如何赚多点钱，为奶奶增添几件保暖的棉大衣。

想赚钱就是我最直接的心愿，但是，通过什么方式去赚到，却是需要思考的。大学时期，在图书馆里看到一本广告年鉴，里面的精彩创意深深吸引了我：这么精彩的创意和文案，让人很想买这个品牌的东西啊。这不就是离钱最近吗？好的广告文案，就很能卖货啊！

毕业后，我只身南下，找文案工作，结果发现，对于我这种学历低、没经验的人来说，在大城市找工作比登天还难。

就在我快要花光身上的钱，只能睡大街的时候，有家珠宝杂志回应了我：月薪3000元的文案岗，不包吃住。我以为好歹能做出点成绩，毕竟感觉自己作文还行，结果现实啪啪打脸：错别字一大堆、完全不知道怎么下笔写、花心思写了半天也写不到重点、销量为0，总监拿我做反面教材……

拿到第一个月的工资，给奶奶买了一套衣服邮寄回去，转身就想清楚一件事：资质平平、普普通通的我，没有基础的文案能力，月薪3000就是一声起跑令，不快点奔跑连自己都要养不活了。

能怎么办？只能倾尽全力地去学！

02. 野蛮的自我成长，才会快速跑起来

非常幸运，我的领导们指点了我很多，也让我知道自己应该要补足哪些知识储备和能力。

我认识的营销总监手把手教我，从最基础的4P理论开始学，网络上关于文案写作的帖子，我也会打印出来细心学习，读相关的图书算是最便宜的学习方式了，我起码看了300本书，与此同

时，任何我看到过的与营销文案相关的课，都会报名学习，每次报名，都要花掉一两个月的工资。

看各种书，上各种营销文案课，每学到一个知识点，都会尝试用在我的文案中。

在逼仄的格子间里，我也拥有了一个小梦想：如果，10年之后能够靠文案实现自由职业，不用早九晚六地上班，那该多好啊！想到这，学习和工作的动力又增加了不少。

为了增长文案写作经验，业余时间我也免费给别人写文案：海报文案、公司介绍、全新品牌营销策划，只要有机会写，我都会全力以赴；为了文案转化率，我连续通宵7天赶进度，最后体力不支，直接晕倒在老板面前……

工作5年，银行卡余额从没超过3位数。我妈非常疑惑："你看看，咱家邻居在工厂打工每个月5000块钱，每年还能存个几万块钱，你还读过大学，怎么没存下什么钱？"

听到这样的话，我是内疚的，但又很坚定：我要的不是简单重复的劳动换来的金钱。我还年轻，金钱就应该用在自己成长上，总有一天，我会成千上百倍地把这些钱都赚回来。

事实证明，你在哪里下功夫，哪里就会有反馈：跟朋友去吃湘菜，点餐的时候，看到菜单简陋，我随口和店员提了几个小建议，没想到惊动了店长，他走过来并微微弯下身子，十分谦逊地问："您觉得菜单怎么改比较好呢？"

于是我就拿最爱吃的"焗鱼"举例，菜单上白底黑字的"招牌鱼锅”很难勾起顾客食欲。我想起文案中的“五感原则”：视觉、听觉、嗅觉、触觉、味觉、使用效果，写了这么一条文案：

标题：活蹦乱跳的鱼，8分钟从水里到嘴里

内容：这条罗非鱼，生活在山间雨水和清泉汇聚的英德水库里（视觉）。经腌制的鱼肉复原摆盘，撒上少量豆豉、切上蒜头、洋葱、剁椒等辅料，淋上热油，于现场8分钟生焗一气呵成，鱼皮在热油中变成金黄，伴着滋滋声，鱼香味在空气中炸开（听觉、嗅觉），吃一口，俏皮的调料，给味觉铺上了红地毯，迎接这紧实的肉质，携带着野生的欢畅，以最佳主角的姿势滑进了喉咙（味觉），这一口，让胃也有了野生的记忆！（使用效果）

店长看完后非常满意，说：“菜单仿佛活起来了！”他二话不说请我吃“霸王餐”，并给我引荐副总裁，聘请我为该品牌的营销顾问，豪爽地签下5万的营销文案服务合同，那时，我的月薪也只有5000元。

再后来，我的正反馈越来越多：

通过朋友圈广告文案，给一个服装品牌带来80%客户，总营收超千万；

通过一篇微信公众号文章，给一家民营小企业卖了30万元的货；

给一家天猫旗舰店商品详情页做文案优化，让单品多赚了23万元；

给一家公司做了一个营销策划案，直接拿到10万元报酬……

我妈再也不会把邻居跟我对比了，听到别人教育子女没存上钱，她都会说：年纪轻轻存什么钱，把钱都用来学习增长技能才是最要紧的。

我在旁边偷笑：面对各种质疑，不需要争辩，行动带来的结果，才是最有力的回答。一个没能力、没背景的人，只能拼尽一切力气去成长，才能快速跑起来！意想不到的是，没有伞的我，后期也能给别人撑起伞。

03. 正因为没有伞，才想要给别人撑伞

31岁生日这天，我终于做了个决定：离职，做一个自由文案讲师。

那段时间，我学的所有关于文案写作的课，都让我觉得：如果我还是那个刚入行的文案小白，这些课我听了仍然会一知半解，那为什么不自己出来做这个课？

想起刚入行时的我，被领导骂得不知所措，对未来的迷茫和不甘，各种心酸涌上心头，而我，何其幸运，有人手把手带，一个月就拥有了巨大变化，跟对人，让我的成长更快速。而现在的我，完全有能力像当年带我的人一样。想到这，我激动不已，我写了一篇文章，说明我的想法，接下来要做的事情，以及准备怎么做这件事。就像在努力筹备一切，穿越时光去解救当年刚入行的自己一样。

当你特别想做好一件事的时候，全世界都会帮你！没想到

文章写出去几分钟，我立即拿到了写第一本书的机会，大概半年后，那本《新媒体文案创作与传播》就出版了，并一度排在了畅销榜榜首。

为了更好地开发课程，我又砸下20万学费去学课程开发、游戏化课程设计等，只是为了确保课程能够让学员听得懂，用得上，能变现。

课程开发后，很快吸引到起点学院、唯库、帆书（原樊登读书）、三节课、馒头商学院等课程平台的合作，回头看，那些在我的目标合作清单上的平台，竟然都全部合作上了！做课程两年后，我又把学员经常提问，最为关键的核心思路提炼出来，写了一本新书《文案变现》，这本书不仅畅销，越南版的版权售出还是同类图书的两倍价格。

这个过程很有意思，会吸引到很多赚钱机会，而每一次，我都会问自己：我是为什么而出发？每一次这样的发问，都把我带回到原点。结果文案课这事，一做就是8年。

最有成就感的时刻，就是收到大家的报喜消息：

“小鱼老师，学完课，我换了一个工作啦！”

“我升职啦！”

“三四线城市，在家做全职宝妈，没想到自己也能每月赚到3000块！”

“本职工作升职无望，没想到业余时间竟然还能靠文案转型，拿到比之前高出一倍的工资。”

所有信息都在提示：大家学文案课，都像我当年一样希望能赚到钱。这也提醒我，给大家提供变现机会非常重要，这期间我们给林清轩山茶花润肤油写传播用海报文案、写销售用的长文案；给我当时负责营销顾问的“爱的是酒”写一句话海报文案；给太平洋咖啡写品牌文案等……在这个过程中，我们探索好了内部协助沟通的流程，从我手上发出去的稿费，已经超过120万了，最近一年，我负责完成了零食品牌“凡小妹”品牌升级工作，确定了全新品牌定位和业务方向并且带着大家固定给“凡小妹”输出新媒体文案。每月固定给大家发稿费，这让我成就感满满。我还在每一次写稿的过程中看到大家在不断成长，这更是令我欣喜。

当年，那个没有伞的孩子现在也能给别人撑起一把伞了！

放眼看未来，我仍然看不到更多，但我知道，一直跑下去，阳光会更明媚！

很高兴认识你，我是叶小鱼，邀请你和我一起，在文案路上一起跑下去吧！

田小野

从鸡飞狗跳到岁月静好，我做到了，你也可以

从世界500强企业裸辞带娃的全职妈妈

高级育婴师、高级家庭教育指导师、心理咨询师

今日头条优质育儿领域创作者，热衷于用文字分享育儿心得

你是否有过这样的时刻：在夜深人静之时，你凝视着熟睡中的孩子，回想着你吼骂孩子的画面，心中充满了无尽的懊悔与自责。你搞不懂，为什么自己明明深爱孩子，却总是在伤害孩子？面对这种矛盾与挣扎，你如同被困在迷雾中的旅人，渴望光明，却找不到出路。

作为一位全职妈妈兼育儿博主，个中的千辛万苦，我都亲身经历过。若是将家庭比作一艘航行在未知海域的小船，那么亲子关系则是那指引方向的罗盘。然而，当罗盘失灵，方向错乱，我们该如何让家庭之舟重新校准方向，再次扬帆起航，驶向爱与和谐的彼岸？

01. 错爱比不爱更可怕

故事要从我的童年说起。大部分人的童年像一根彩色的棒棒糖，外面闪烁着五颜六色的光，咬一口甜甜的。而我记忆中的童年色彩，却有些斑驳而黯淡。三十多年过去了，我依然记得爸妈吵架的场景，以及妈妈指责我和哥哥不听话的神情。

有一天早上，爸妈因为一件微不足道的小事吵了起来。他们的声音越来越高，最后从唇枪舌剑演变成激烈的肢体冲突。我和哥哥吓得赶紧躲在门背后，眼泪不由自主地滑落下来，喉咙里发出无声的抽泣。灶台里的柴火只剩下冷冰冰的灰烬，锅中煮了一半的食物也失去了原有的热气。爸妈依然沉浸在他们的怒战中，根本无暇顾及这些。我和哥哥默默地离开了房间，带着恐惧和不安，踏上了那条充满泪水和饥饿的上学路。

更令人窒息的是，这种愤怒的火焰，常常会毫无预警地蔓延至我和哥哥。有一次，我不小心摔碎了一个碗，我妈没有给我任何解释的机会，只是不停地责备我："你学习成绩不好就算了，连个碗都端不住，你怎么那么没用？就你这样的人，将来能有什么出息……"这些话语如同冰冷的箭矢，一支支穿透我的内心防御，让我无处可逃。

还有一次，哥哥在外面犯了错，妈妈不问青红皂白就狠狠地揍了哥哥一顿。哥哥倔强的哼哼声和我撕心裂肺的哭喊声，如同刻在我们心头的烙印，永远难以抹去。

我不明白，为什么爸妈整天说很爱我们，他们所做的一切都是"为了我们好"，却常常在不经意间，用言语的利刃划伤我们的心灵，在我们心中种下自卑与恐惧的种子？对于孩子来说，没有爱不可怕，错误的爱才可怕。

02. 从受害者到加害者

时光荏苒，当我成为母亲，我以为自己一定会给孩子一个充满爱与温暖的成长环境。然而，现实却给了我一记响亮的耳光。面对孩子的“不听话”“不懂事”，我常常被愤怒冲昏头脑，用吼骂代替温柔地引导。

孩子有一次把我的电脑打翻在地，我愤怒之下冲向孩子，双手如同两道铁钳，紧紧钳住孩子瘦弱的肩膀，用力推搡，每一次推搡都伴随着歇斯底里的咆哮：“那是妈妈的电脑，是很重要的东西，你为什么要乱碰？”

孩子的泪水沿着脸颊缓缓落下，与散落在地上的电脑零件一同诉说着无辜与恐惧。而我的愤怒好像脱缰的野马，理智的缰绳早已被甩得无影无踪，根本顾不上哇哇大哭的孩子。

当我整理好电脑，看向孩子时，才发现他像一只被暴风雨席卷的幼鸟，无助地缩在角落里。我走过去搂着他，他的泪水一颗接一颗打在我的手上，尽管泪水轻盈无比，但它所携带的那份冰冷，如同沉重的铁锤，一次次无情地撞击着我的心。

那一刻，我看到了孩子眼中的恐惧与无助，他的眼神仿佛在说：“妈妈，没有人告诉我这是很重要的东西，你为什么这么凶啊？”我的心猛地一颤，小时候那些熟悉的场景，犹如昨日重现，只是角色互换，我成了那个曾经让我恐惧的“大人”。我跪在孩子面前，哽咽着对他说：“对不起，对不起，妈妈错了。”我紧紧地抱着他，仿佛抱住了当年那个无助的自己。

我以为自己会因此觉醒，不会再吼骂孩子。但不久后，我因为一件小事再次对孩子发了火。奇怪的是，孩子没有像往常那样大哭或逃避，而是默默地流下了眼泪。他蜷缩在角落里，用那双曾经充满好奇与活力的眼睛望着我。

我注意到孩子的眼神变得越来越陌生，那是一种混合了恐惧、失望与怯弱的复杂情感。他不再像小时候那样无忧无虑，笑容里多了几分沉重。我开始意识到，我的行为正在一点点摧毁孩子的自信与快乐，让他变得胆小、自卑，甚至开始怀疑我对他的爱。我的心被深深地刺痛，我在心里暗暗告诉自己：我不能让自己的成长遗憾在孩子身上重演，我必须做出改变。

03. 在迷雾中寻觅光明

为了改变现状，我开始大量阅读国内外育儿书籍，学习各种育儿课程。我在一年时间里，读了100多本育儿书，写了30多万字的读书笔记和育儿心得。然而，理论知识虽然丰富，实际操作起来却并不顺利。

我决定进一步深入、系统地学习，便报名参加了家庭教育相关课程及心理咨询师课程。对家人来说，孩子随便养养就好，竟然还花好几万块钱去学习，完全没必要。我想起曾经看到过的一张图片，这张图片将父母分为四个层次。处于最底层的父母，只是肯为孩子花钱，给孩子提供物质需求；而处于最顶层的父母，肯为孩子改变，力求知行合一。在我看来，如果我不肯为孩子学习，为孩子改变，意味着我和孩子之间的糟糕关系，已经被定型。

通过系统地学习，我发现养育孩子没有标准的“说明书”，每位家长都需要“因地制宜”，具体情况具体分析。就拿我家孩子来说，他其实是一个高敏感的孩子，面对同样的事情，他比常人的情绪反应更强烈。比如衣服有一点粗糙、鞋子里有一粒微小的沙子、看动画片主角被坏人打倒、读绘本读到悲伤的故事，他都会特别难受。我试着理解和接受他，鼓励他表达自己的真实情绪，给予他正面的反馈和温和的纠正，让他回归孩子纯真、自由、完整的本性。

孩子有一次不小心打翻了桌上的杯子，牛奶洒了一地。要是以往碰到这样的情况，我肯定会一边骂骂咧咧地指责孩子笨手笨脚，一边不情不愿地帮他收拾残局。

这一次，我轻轻地走到孩子身边，蹲下身来，用温和而关切的语气说道：“宝贝，我看到杯子打翻了，牛奶洒得到处都是，你看起来有些紧张，是吗？”我的这个举动，是想让孩子感受到被理解和接纳，减少他的防御心理，为后续沟通打下基础。

接下来，我向孩子表达我的感受：“我看到这一幕时，心里有点担心，因为地板可能会让我们滑倒。同时，我也希望我们能一起保持家里的整洁。”真实地表达自己的感受和需要，而不是指责孩子，这样可以避免孩子感到被攻击，更容易接受后续的建议。

然后，我邀请孩子合作：“宝贝，你愿意和我一起把这里清理干净吗？我们可以拿毛巾来吸水，再用拖把拖干。”邀请孩子参与解决问题，可以增强孩子的责任感和提升解决问题的能力，同时也让孩子感受到自己是被信任和尊重的。在清理过程中，我也一直在给予孩子正面的反馈：“宝贝，你做得很好，很快就找到了毛巾，还帮我一起拖地，谢谢你。我们一起努力，让家里又恢复了整洁。”要让孩子知道自己的努力是被看见的，从而增强自信心和积极性。

清理完毕后，我找了一个合适的时间，与孩子讨论如何避免类似的事情再次发生。我轻声对他说：“宝贝，你觉得我们可以怎么做，以后能避免水杯再次被打翻呢？比如，我们可以把水杯放在更稳当的地方，或者拿杯子时更小心一些。”这样不仅能引导孩子思考并找到解决问题的方法，还能培养孩子的自我反思和解决问题的能力。

众所周知，家庭是孩子的第一所学校，家庭教育也要因材施教，引领孩子追逐心之所向，直至梦想的彼岸。

04. 爱，让我们共同绽放

渐渐地，我发现，孩子的眼神重新焕发了光彩，他变得更加自信、开朗。在这个过程中，我还发现了高敏感孩子身上那些独特的魅力与才华，他们用独有的方式，教会我们如何去爱，如何被爱。

如今，我与孩子之间的关系发生了翻天覆地的变化。现在的我们，亲密无间。更令我惊喜的是，我与爸妈的关系也在悄然改变。我试着去理解他们的不易，他们没有太高的文化，没有学习的途径，不懂表达爱，也不知道如何处理自己的情绪，只知道身边大多数人都是这样养育孩子。朋友们都说我现在活成了岁月静好的模样，但只有我自己知道，唯有历经蜕变之艰辛，方得心境之淡然，成就真正的岁月静好。

育儿，其实是自我成长的又一次启程。我们在给予孩子爱的同时，也在不断修正和完善自己。每一个孩子都是独一无二的，他们需要的不仅仅是物质上的满足，更多的是情感上的支持与理解。当我们愿意放下成见，用心去理解孩子，我们就会发现，在成长的道路上，一句温暖的话语、一个鼓励的眼神、一次耐心的倾听，都能成为孩子们勇往直前的力量源泉。

回望过去，我深感庆幸，庆幸自己在最迷茫的时刻选择了学习与改变。家庭教育这条路没有终点，只有不断地前行与探索。这也是我选择成为一名育儿博主的原因，既能促使自我成长，又能助力那些曾像我一样，在亲子关系的困境中苦苦挣扎的父母，跨越那些看似不可逾越的鸿沟。未来，我将继续以笔为剑，以爱为盾，用我的经历和感悟去触动更多人的心灵。

我相信，每个人心中都有一团火，路过的人只能看到烟。但总有那么一些人，会停下来，和你一起感受这团火的温暖。因为，每一个曾经受伤的灵魂，都有能力成为照亮他人的火光，而这份光，将永远温暖而明亮。

解婷茹

无须追求正确的人生，我们生来伟大，拥有无限可能

国家二级心理咨询师

荣格八维流派研究者

梦屿面包体播客主理人

有人说，每个人都有两次“出生”的机会。

第一次，是你来到这个世界上的时候；第二次，是你终于找到自己人生使命的时候。

从小我就很羡慕一种人，那就是很早就知道自己要做什么的人。仿佛那些人比我多上过什么人生的预备班，所以才能在人生的十字路口，做出正确的抉择。

01. 做“乖乖女”到重度抑郁，看似“正确”的人生被迫按下暂停键

我第一次出生，是在一个小县城里。

从小到大，我的身上就有很多标签：懂事、乖巧、听话、用功、不用大人操心……

我很早就学会“看眼色”行事，不做大人不认可的事。别人家的父母都说：“哎呀，你家小孩连叛逆期都没有，真好带。”于是我不负众望，变成所有大人都赞不绝口的“乖乖女”。

就这样，我一直按部就班地生活、学习，甚至那时学习就是一切。为了多点时间读书，我每天只敢留十分钟吃午饭。

小学结束，我的人生开始动荡起来，整个青春期，我都在频

繁的转学中度过。

为了上好学校，我几乎时时刻刻都需要融入新环境，接受新变动。没什么时间让我收拾情绪，所以无论遇到什么，我都习惯于先忽略自己的感受，以缩短自己的适应时间。

终于我考上一所还不错的大学，去到了大城市，好像一切都开始往好的方向发展了。可我的人生却忽然像是不知哪里漏了气的气球，你看见它一点点瘪下去，可就是找不到源头。与此同时，我的动力和热情，随着不知在哪儿的漏气源，好像也在一点点被抽空。我开始出现一系列的躯体性症状，精神压力、难以言喻的迷茫和焦虑，伴随着神经性偏头痛整宿整宿地折磨着我，那些曾经压抑过的悲伤和绝望叫嚣着卷土重来。

终于在毕业前夕，我在母亲的带领下，去到医院精神科，被正式确诊为重度抑郁，需要介入药物治疗。

“她早就该来了。”医生对母亲的一句确认，在我看来，就像把之前一直开足马力奔驰的车子，直接宣告报废。

我的父母震惊于这一切，而我由于植物神经紊乱，长期的神经衰弱和药物治疗，人生被迫按下暂停键。直到那时我才发现，我完全不了解自己。

从前一直在追寻正确，追寻父母老师的期待，追寻认可，追寻大众的生活方式，追寻正确的范本。可是追寻了这么久，我回头一看，两手空空。那些追寻的，好像我都不想要。只剩下厌倦一切的自己，让我感到很陌生。

医生告诉我：**“太想活得正确，是一种虚弱。”**

“试着离开熟悉的环境，先把自己的感受找回来。”这是他给我的忠告。于是毕业后，结束一个阶段的药物治疗，我告诉父母，我想出去看看世界。

02. 重新探索可能性，开启线段式人生，学会与自己相处

这次，父母第一次尊重了我的意愿。

因为二外学的西语，综合各方面的条件，我申请了为期半年的出国游学，目的地是西班牙。那是一段新奇又充实的日子，我遇见了很多人，第一次感觉自己活在当下，见天地，见世界，见众生。

在马德里的寄宿家庭，我遇到了一个生长得很好、很有生命力的瑞典女孩。她17岁，金棕色头发，时常在笑，会在地铁站带头给卖艺人鼓掌。我完全被她蓬勃的能量感染到了，由衷地羡慕她的自由独立，是精神和人格层面上的自由和独立。

在她身上我看到了一种鲜活的、完全不同的人生的可能性。我们很快成为朋友。恰逢当时西班牙国庆节，她拉着我去看阅兵游行。

当阅兵队伍经过人满为患的林荫大道时，路边所有人同时欢呼“Viva la Vida”的画面，让我这个外国友人感到震撼。“Viva la Vida”是西班牙谚语，可以直译为“生命万岁”。对我来说，那是我第一次看到许多人为生命喝彩。纯粹地，只是为生命喝彩。喝彩生之伟大，我们生来伟大。好像仅仅是活着，你的生命就有意义，就已经值得喝彩。

在那一刻，我感到自己不再渺小而透明，不再微不足道。即使我什么都不是，我依旧能为我喝彩。无须妆点粉饰人生，也无须感到羞耻。

我问自己：我有好好为自己的生命喝彩过吗？我爱自己吗？爱自己的生命吗？

也就是从那一刻，我终于决定撕掉过往的一切标签和讨好型人格，开始学着忠于自己，找到自己缺失的价值。

回国后，我开始记录每一件自己“有感觉”的事情，开始写情绪日记，倾听自己的声音，重新开始了解自己的需求，回溯过去的人生，挖掘自己的优点和弱点……为了找到自身的价值和擅长的职业，我做了无数的探索和尝试。

从前线的销售岗，到后端的运营；从互联网大厂，到线下的培训机构；从文案营销接单，到品牌策划全案；从商业翻译，到教育机构的课程研发……

探索的过程并不总是一帆风顺，但我不达目的不罢休。那是一段“线段式人生”，即使不断经历破碎又重建，我也坚持拒绝被稀里糊涂地“社会化”。

那段时期的我，正如《世说新语》中的那句话一样：“我与我周旋久，宁做我。”

我和我自己长久地交往，我宁愿做我自己。终于，我一点点找回自我主体性，度过“社会化”危机，开始学会和自己相处。

03. 公益性咨询，是因为自己淋过雨，所以想为别人撑伞

后来很长一段时间，我都在培训机构做讲师，一路做到了教研主管。在接触了形形色色的学生之后，我越来越发现“价值感缺失”不是个例，而是很多人面临的问题。社会上其实有许多“空心病”人。或许是久病成良医，也或许是因为自己淋过雨，所以想为别人撑一把伞。我在教学之余，逐渐开启了小范围的“公益性咨询”，用自己曾经探索的经验，帮迷茫的学员寻找自己的价值、自我认同和“眼前10米的路”。

直到疫情暴发，停工停学，让我的生活节奏暂缓下来。可相反的是，我却收到越来越多人发来焦虑的求助。内心的使命感让我下定决心，要更专业地做这件事。于是，我通过学习和考试拿到了国家二级心理咨询师证。

从书本到实践，尽管隔行如隔山，我还是不断积累着案例与经验。在研究过程中，机缘巧合我接触到荣格八维和MBTI人格类型体系，我不禁眼前一亮。研读过市面上现有的所有MBTI相关著作之后，我忽然发现，原来人生真的没有白走的路，那些

过往所有的尝试、探索和经验，如同零散的叶片找到树干，也像纷乱的拼图终于完整，和整个MBTI体系融会贯通，让我豁然开朗！于是我开始根据体系分类，着手建立**《MBTI-人格类型样本库》**，这是一项全面而细致的工作，现在也仍在继续。

人格类型样本库的建立，旨在在科学的体系之下，无论你觉得自己有多“格格不入”和不被理解，你都能在这里找到自己的影子和可参考的样本。请相信，你不是孤单一人。

样本库将从荣格八维（外向&内向、感觉&直觉、思考&情感、判断&知觉）切入，以优劣势功能分析和人物样本解析为主，帮助大家发现自身潜在的价值点和可能性：你擅长什么样的思考方式？你是逻辑构建者还是逻辑解构者？你的天赋在什么方面？你对什么最有感觉？为什么你和别人不同……

人生的确很难导航，迷茫在所难免。但所幸我们能从共性的样本中，生长出个性化的智慧。只有找回缺失的价值感，才能找到热情的发动机，从而在这趟名为“人生”的航程中坚定不移地前行。

04. 我无须找光，我就是太阳

如果说曾经的我，一直执着于在黑暗中寻找光亮，想在窒息的环境中撕出一道口子，让阳光透进来，让我得以片刻喘息。那么现在的我终于可以说，那条漫漫长路，被我趟过来了。我开始全然地接受自己，也明白我无须找光，我可以自己成为太阳，并且照亮更多的人。如果你已经迷茫了许久，找不到和这个世界相处的方式，价值感缺失，也面临着社会化焦虑，感觉自己总是“不够正确”，请不要放弃希望。你只是有点“不一样”，这没什么。如果你相信你生来就独一无二，你总会找到属于自己的成长路径。

电影《肖申克的救赎》中有一段经典语录，一直作为我的座右铭：

心怀希望是一件好事，也许是最好的事。

一息若存，希望不灭。

愿我们都满怀希望，所向披靡。

我是婷茹，期待有缘与你相遇。

罗优

咸鱼也要有梦想，万一实现了呢

有10年营销经验的专业视频制作人

纪录片爱好者

人物故事拍摄者

央视纪录片《家乡至味·曲靖味道》摄像

抖音游戏主播：战争雷霆ROMAN

01. 迈出第一步，才能去追梦

2006年，刚毕业的我怀揣梦想到深圳寻找机会。作为一个普通大专生在面试了N家公司后，在又一次面试时，为了保住工作机会，当面试HR看着我问“会不会Excel”时，办公软件只知道Word文档的我不知哪来的信心脱口而出：“会！”当晚在简陋的出租屋里，我恶补了Excel入门知识，第二天顺利接手了商品数据处理工作。

从这个“会”字开始，我迈出了边做边学的第一步，从普通销售到商品管理，我成为同事们口中分析商品数据最厉害的“表哥”，我总结的商品数据优化建议被总公司采纳并推荐给各分公司。

后来因为要奔赴爱情，我放弃了原来的岗位去往云南，凭借当初那个肯定的“会”和3年的积累，我轻松在云南知名的零售公司找到商品经理的工作。

02. 想到就行动，此刻最合适

都说有一种叫云南的生活，我发现这里工作压力小，有业余时间发展兴趣爱好，于是我开始了在“春城”随手拍的日子。上下班途中和节假日我都随身带着相机，200多天拍了几万张照片，让快门次数达5万次的单反相机在3年内完成了它的“人生使命”，也把自己从一个摄影爱好者变成了公司活动、朋友旅行不可或缺的摄影达人。

拍着拍着，我感觉我的镜头里应该还能装下更多东西，于是萌发了出去走走的想法。阻力不能说是没有，但人生就这一次，哪容得你等待最佳时机？于是我听从内心的声音出发了。通过中国支教联盟的协助，我来到了大理剑川老君山美水小学。

03. 世界那么大，总要闯一闯

其实去大理前我很迷茫，人生看似完满，但我却忽然失去了方向。那段时间的天气也像我的心情一样，一直是阴天、雨天。来到学校，终于迎来了蓝天白云，接我的老师说好久没有这么好的天气了。在学校的日子虽然环境简朴，但我内心却感到幸福；虽然看似是我在给孩子们上课讲授知识，但孩子们对我的喜爱和关怀充盈了我的心，驱走了我的迷茫和忧郁。

那段日子里，我每天都能看到孩子们纯真的笑脸，看到他们求知的眼睛，收到他们写着心里话的小纸条。29岁生日那天，一个三年级的小女孩送了一幅画给我，她不知道是我生日，只说画的是我——一个微笑的火柴人，边上有一首诗：“让我们把生命珍惜，世界是这样的美丽，让我们把生命珍惜，一天又一天，让晨光拉着我，让夜露挽着你。只要我们拥有生命，就什么都可以去争取，一年又一年，为爱我们的人，也为我们自己。”这首诗点醒了我，笼罩在心里的阴霾一天天散去，我看到了阳光，也下定决心要为孩子们的生活开一扇窗，让梦想照进来。

于是我跟校长申请用爱心人士捐赠的播音设备建一个广播站，校长爽快地答应了。孩子们听说自己有机会成为播音员，眼里充满了期待的光，打扫卫生和安装设备时都争先恐后地来帮忙。在各班开展朗诵培训后，我选拔了站长和年级负责人，并要求站长以后每周组织一次面试，这样那些之前没敢报名的同学和前期没选上的同学，都还有争取当播音员的机会。因为这个广播站开播的目的不是为了每一期做得多么完美，而是希望每个有梦想的孩子都拥有表达和展示的机会，让他们在活动中发掘自己的潜力，期待他们在未来面对广阔世界的时候，别忘记自己第一次发声时的勇敢！

之后，每天我都能听到孩子们质朴的声音回荡在校园里，回响在山谷间，一遍又一遍，我跟着他们的声音寻回了最初的勇气，要回到现实闯荡去了！

04. 失败不可怕，脚步不能停

我回到昆明继续自己的老本行——零售，不过这次是自己创业，投入了能找到的全部资金，做了当时很火的心卷鞋。第一家店开在省城中心区域的商场，10平方米的柜台开业时，基本每10分钟销售一单。我心想这次应该能火了，和合伙人给新公司起名叫“无忧”。当时我们一腔热血，享受着公司高管的光环，想要做出一番事业，干劲十足地在全省发展了20家加盟店。

同年，我还忙里偷闲陪北京电视台的朋友一起回大理，拍摄《梦在深山》的支教纪录片，讲述我在美水支教的日子，希望让更多人关注山里的孩子并支持支教事业。原来就喜欢摄影的我，这次亲历了纪录片拍摄过程，真切感受到了视频记录生活、传播感情的力量。我由此喜欢上了拍摄，尝试拍了学生家里采蜜制蜜的小短片。在朋友圈发布这个小短片后，帮学生家卖出了上百罐蜂蜜。发现了视频的能量之后，我又跟我代理的品牌公司一起参加了环球华裔小姐大赛，参与了舞台花絮拍摄，甚至还给品牌公司拍了一支心卷鞋广告。

一切看起来都很顺利，但潜藏的问题其实早有蛛丝马迹，只是第一次创业的我们没有仔细留意：先是十几万租到的办公区出现了转租纠纷，我们无辜受牵连；然后冬季来临，我们没有既保暖又有特色的新产品，销量一落千丈；好不容易熬到开春，但之前新品上市的热度降了下来，销量没有回升多少；接踵而至的是一个多雨的夏天，单鞋不防水，雨天到店客户也不多；夏天销量提不上来，就更不指望秋天了，去年还如火如荼的事业瞬间掉入冰窟。经历了第二年冬天的茫然、挣扎和贷款之后，我和合伙人再不止损怕是连西北风都喝不上了，那时我才理解了为什么说“壮士断腕”需要的是莫大的勇气和果断，因为还有太多的不舍和不甘！

没有资金就只能冲技术了，还好之前有爱好，也恰巧有机缘在上次纪录片的拍摄中见识了优秀导演和摄像的工作方式及作品，我尝试着边模仿边学习，拍了支教地附近老君山的美景，拍了山里的孩子，拍了藏民们挖虫草的故事并帮他们打开销路，联系并拍摄了我身边多位优秀的有故事的老师们，其中为版画家杨永胜老师拍摄的短片《匠心》，不但获得艺术家本人的肯定，还荣获全国市县电视台推优展播活动“短视频最佳作品奖”……虽然这段时间一直没有收入，但好在有希望，因为我找到了努力的新方向！

05. 平凡也有梦，现在就出发

我背上设备，到各地去采风，饿了吃干粮泡面，累了在车上凑合睡，不怕吃苦，不怕重头来过，不怕上山下水，不怕风吹雨打，不怕夜宿荒山，只要能出片就行。

虽镜头里风景如画，流光溢彩，但镜头后却是孤独困苦、艰苦卓绝；虽背负压力，辛苦奔波，但我心里有个信念，未来是等不来的，需要自己走出来。我积累各种素材，尝试拍各种风格的短片在朋友圈分享，并幸运地遇到了欣赏我、肯定我、信任我的朋友，邀请我拍摄了职业生涯中第一部关于消防的微电影。说实话，第一版出来不尽如人意，虽然也能达到交付水平，但我始终过不了自己这关，因为从小对当兵的向往和内心对摄影的热爱，我不计经济和时间成本，重新请了演员，带着演员连夜赶赴拍摄地，一路上都在构思新的剧情和拍摄想法，因为我内心知道：想要得到10个人的认可，你只要做得和大家一样，但要想得到更多人的肯定，你就必须与众不同！还好到达目的地后，主办方被我的新构思打动，全力配合摄制，最终我赶在交片的最后时限剪出了全新的一版《永远的消防兵》。消防战士们看了个个都眼含光芒，我知道：成了！

《永远的消防兵》在云南消防微电影展播中荣获一等奖，而我也因此与消防结缘，后来又多次拍摄消防故事和宣传片，部分镜头还被央视有关节目选用。

有了这个开端，朋友们的支持和信任不断鼓励我拍出了一个又一个好作品：《鸡街旅游宣传片》带动了当地当年的文旅收入；《云龙人居环境宣传片》受当地群众肯定，当月转发量超过1700条；为云南普洱茶集团拍摄的《普秀情》宣传了云南茶文化；由我联系对接并全程参与拍摄的美食节目《家乡至味·2021春季篇·曲靖味道》在CCTV10探索发现栏目播出，向全国观众展示了“游在云南，吃在曲靖”的地方饮食文化。

我因为支教的经历和拍摄的校园有关短片，相继受到一些公益机构和学校的邀请：为曲靖一中教育发展基金会拍摄《珠江源起》等短片；为文山市委党校拍摄科学家守护华盖木的故事，用于参加全省教育培训好故事比赛；为曲靖师范学院拍摄《古鱼王国》科普讲解作品，用于参加全国科普讲解大赛决赛；到报社和摄影俱乐部为记者和摄影爱好者讲课……我的拍摄和沟通技能在甲方的肯定和各种比赛中不断提升。

疫情期间我也没闲着：一边学习小鱼老师的文案书《新媒体文案创作与传播》和《文案变现》，优化我的视频文案；另一边一直坚持做视频：我帮朋友拍摄的《我在这挺好的》抗疫MV在新华网上发布，10天浏览量超50万；拍摄时长跨度两年的航拍作品《曲靖不静》，荣获全国战疫航拍摄影大赛一等奖；后疫情时期，我随手在抖音上开了个账号“战争雷霆ROMAN”，虽然游戏小众，但我坚持每天分享一到两条游戏日常，6个月粉丝竟突破了1万……

当我全心热爱并不计得失地做视频时，作品和收益远超出了我的想象，几年中我还掉了近百万外债，更难能可贵的是遇到了很多良师益友以及接连而来的鼓励和肯定：当我拍摄的父亲节作品登上大疆首页，当收到系统提示“您已入选天空之城热门摄影师”，当看到自己拍摄的画面出现在央视节目中，当收到一份又一份奖状，当看到亲朋好友们一次又一次地转发，当孩子的作文里骄傲地写：“看了爸爸的片子，没有一个不叫好的！”我找到了奋斗的意义。

人都希望自己能一帆风顺，然而实际上总有一些必不可少的弯路要走。回顾以往，自己告别10多年的零售生涯，从每天面对耐克、阿迪、安踏到自主创业，再到对着佳能、松下、索尼、大疆、达芬奇，我唯一保持的就只有敢于重新出发的勇气了。这份勇气也在我拍摄孤独症公益宣传片《凡》的时候得到了验证和肯定，当我看到孤独症女孩穿上了梦想中美丽的衣裙时露出的笑容，当我看着爱跑步的男孩在市体育馆赛道享受奔跑，当我陪着想上学的他们，出现在校园体验大学生活并受到同学们善待时，我明白：只要有热爱、有梦想，不论你是谁，无论在哪个领域，勇敢迈出第一步，你就会发现梦想总有一天会开出绚烂的花朵，而你要做的只有一件事：现在就出发！

飞扬

永远年轻，
永远热泪盈眶

“80后”职场宝妈

坚持不懈的追梦人

不惧挑战的行动派

还记得小时候，对任何事物都觉得新奇的那个感觉吗？那会儿总是任由心跟着感觉飞扬，想一出是一出！看着飞行员开飞机很酷，就梦想着长大后要做个飞行员；看着《笑傲江湖》里任盈盈吹箫好潇洒，就吵着也要去学习吹箫；看着《灌篮高手》里把篮球打进全国联赛，真是激动人心，就嚷着要学篮球……

然而，不知从什么时候开始，对一切似乎都提不起兴趣了！

01. 舒适的日子，或许只是一种假象

陈清，我邻居，生于20世纪80年代，独生子女。那会儿作为独子、长孙，是集万千宠爱于一身的。用他自己的话说，就是比他大六岁的小舅舅都得让着他！学习上数学拔尖，其他科成绩也不差，性格开朗，懂礼貌，是老师喜欢的类型！

后来不知是叛逆因子在作祟，还是好奇心驱使，陈清的注意力开始放在其他地方，跟着同学去夜店，玩到凌晨才回家；坐出租车，到目的地后马上下车跑了，以此证明自己很勇敢……家长骂也骂了，打也打了，陈清的新奇劲儿一过，也安静了。

大学毕业后，陈清进入了亲戚家的公司，大家都知道这层关系，对陈清那叫一个照顾。

日子就这么按部就班地过着。陈清说，自己生活没有压力，有房有车，工作稳定，至于证书什么的，要那些干吗？

后来，亲戚的公司被收购，领导班子大换血，各岗位用竞聘方式重新筛选，陈清变成了最没有资质的那一个，除了工作经验，什么都没有。毫无意外地，陈清被调到了一线做销售，原本坐办公室吹空调的舒适工作变成了对顾客点头哈腰的工作，陈清心里的落差可想而知。

陈清跟我说，人啊，还是得居安思危，生活没有一成不变的。曾国藩每隔一段时间就会故意让自己过一段苦日子，说这是一种平衡。所以，人还是得时时鞭策自己多学习，以应对生活的不确定性。

现在的陈清，40岁出头，销售部主管。他主张让自己的孩子多尝试接触课本知识以外的东西，孩子想学什么，只要在能力范围内，他都会让孩子多去尝试，说是要好好呵护孩子的好奇心，希望孩子能找到自己热爱并能持续坚持下去的兴趣。

生活还在继续，但感觉陈清看待生活没那么憋屈了……

02. 生活的变动，从来没有提示

肖芳，我闺密，我们是公司同一期的实习生。说起肖芳，我觉得她很坚韧，像是打不倒的“小强”，几次工作调动调整，她都能快速适应。我对她说：“我就好奇，咋感觉你对什么岗位都无所谓，调你去哪儿你都那么从容呢?”

肖芳说：“有什么关系，现在这环境，有份工作就不错了，况且换个岗位还能多学个技能，不亏不亏!”

有次出去喝酒聊天，肖芳喝得有点多了，跟我讲了她的故事。

她说她小时候，就是我们常说的富家女。小时候，她爸是厂长，过年过节，家里都有好多吃的。她脚上经常穿着新皮鞋，那会儿穿皮鞋的人是很少的，无论是邻居、亲戚还是同学，看她的眼神都带着羡慕，而她也习惯了别人这种仰慕的眼神。后来她爸下海经商，自己做了老板，家里的房子都是自己盖的，生活条件就更好了。那会儿固定电话是稀有物品，她家就有一台，邻居隔三岔五都会来借电话用。她家不仅有冰箱，而且冰箱里常年备有她爸爸从香港出差带回来的巧克力。邻居家的孩子就喜欢成群结队地到她家玩，她就像一个小公主一样，大家玩游戏，她就做裁判，奖励游戏的获胜者一小块巧克力。

后来，有一天她家搬家了，搬到一间租来的房子，很匆忙，几乎什么都没带。她也不是懵懂的小孩子了，综合所见所闻，她明白，爸爸应该是破产了。一天晚上，她和爸爸妈妈决定回旧房子搬些东西。他们蹑手蹑脚地开了门，没开灯，轻轻地、快速地搬着东西。肖芳说，她那会儿还没深刻意识到具体状况，竟对爸妈吼道：“这么黑，怎么整理东西搬嘛!”或许是因为爸妈心疼孩子吧，他们竟然开了灯，接着就是手脚并用地搬东西，把重要物件搬出后就赶紧关灯走了。

后来听说，债主们其实已经在旧房子附近候了好几天了。恰恰是那个晚上，刚好走开了，不然肖芳一家是肯定要被抓住的。肖芳现在想起来还会感到后怕，直言想起平时看的电视剧中的画面，要是落到自己身上，自己怎能受得了！

再后来，一家人躲躲藏藏，日子也就这么过来了。她是看着父母到一个没人认识的地方重新开始的。看着父母尝试各种工作，以及对新工作的钻研态度，她突然觉得，没有什么困难是过不去的，只要一家人在一起，只要自己不妥协，就没什么事难得了你！

肖芳说到这，仰头看着夜空，她说："我爸当年有钱那会儿还说，等我出嫁的时候要送我一辆跑车！"

我看不出她此刻的心情，别人的故事，无法体会，安慰也不合适，说什么都感觉不合适。我就拿起酒杯跟肖芳碰了一下，一饮而尽！

那个晚上后，肖芳就跟忘了这事似的，还是那个打不倒的"小强"。或许正是由于这种对公司安排无所畏惧的态度，公司开始尝试让她进入管理层，而她怀揣着从父母那里学来的敢于尝试，以及在新岗位上探索钻研的工作方式，也渐渐胜任了新岗位。

她常挂在嘴边的话是："学多点技能，不亏！"我记住了！

03. 掌握一技之长，过有底气的人生

我，高中毕业后没有按部就班地考大学，而是去了一家公司做文职工作，边做边进修，也拿到了大学本科毕业证书。

公司里的前辈们都很照顾新人，给了我很多学习的机会，慢慢地，我也做到了主管的位置。

一天，经理带了个新同事过来，让我安排个合适的工作岗位，并要求我要亲力亲为地教导培养。新同事叫小敏，向我点了点头，我也回以微笑，算是接下了这位新同事。我带着新同事了解了内部各岗位的工作情况，让她跟着同一间办公室的另一位同事力青学习。

凭着职场直觉，我来到经理办公室，直问小敏的来历，是不是关系户。经理也不遮掩，直说道："小敏是上级领导的未来儿媳，但你不要有负担，直接教，她做得不好、不对的地方，该批评还是得批评，该怎么教就怎么教。如果教不好我就找你！"

真是一个烫手山芋！

不过既然经理这么说了，我也只能把顾虑抛至脑后了，全当不知道这层关系，把小敏当作新人教导。

学习的日子还挺顺利，小敏学得很快。力青也说小敏已经可以独立负责一些工作了，也有种松了口气的感觉！那么接下来，就给她安排个分发物料出入库的工作吧。大家都认为这工作也

就是个流水线工作，物料品类不多，做个登记，难度系数几乎为零，大家也是想着对上级有个交代，这份工作最合适不过了！

然而没几天，还是出现了失误，物料登记的发放数量与实际不符，销售部一直说给少了，我带着团队人员一起清点库存，发现确实是小敏的失误。我跟销售部主管道歉解释后，这事就算过去了。

我本以为这事就这样结束了，但我还是太天真了，自这事起，我就被贴上标签了。半个月后，小敏就被调到其他部门了。又过了半年，公司找了个原因，把我调到了业务一线。我问经理："为什么把我调到业务一线?"经理说："你先别急，公司正常轮岗而已。放心，过段时间再调回来就好了。"可是这一调，就过去了三年，之前的经理也被调到其他部门了。

人到中年，年过40，非全日制学历文凭，连公司管理岗位的竞聘资格都没有。看着似乎一眼望到头的工作现状，我心里真是万分焦急，就怕有一天会被公司裁掉！

在这种焦急心态的驱使下，我开始走上副业学习之路。

我首先学习了微商。微商，就是在微信朋友圈里看到的一些关于服饰、护肤品的销售信息，门槛很低，操作简单，有固定的发圈文案、发圈时间，对着时间点发圈就可以了。但我担心会影响本职工作，担心领导觉得我不务正业，所以就另外开了个号发圈，这直接导致了客户圈的限制——新号朋友有限。最终，此项目宣告失败！

其次，我学习了家庭教育指导师。学习这个是想同步提升优化育儿方式，有门槛，但是学习不难，完成课程，完成考试，拿到相应证书，便可以在线下授课开讲座，也可以在线上直播。证书是拿了，只是对于“社恐星人”，面对镜头才是最大的挑战。最终，此项目也宣告失败！

然后抖音带货、抄书、配音，凡标注零基础的，我都尝试了，结果无一例外地因为各种主观或客观原因无法落地，而以失败告终！

偶然间，看到叶小鱼5天文案变现实战营，继续报课尝试。5天学习很系统且浅显易懂，作业由助教批改点评，5天下来就感觉已经看到了“文案”这道门正慢慢为自己打开。而且这文案，真的很有意思，合格的文案真的并不难。一鼓作气，马上报了初阶营，接着是高阶营，以小组的方式进行学习比拼。作业一定会有老师批改，作业做几份，老师就批改几份，学起来真的很过瘾！最重要的是，真能落地变现，不用露脸，不用演讲，这不正是我想做的副业嘛！

现在依靠这一副业，我的内心充满了底气，这一技在握的感觉，让我的内心不再着急焦虑，日子变得从容了许多！

04. 永远年轻，永远热泪盈眶

这句话出自《达摩流浪者》，讲述的是一位追求禅修的流浪者，在旅程中拒绝庸常，找寻自由精神的过程。

生活具有不确定性，我们对生活充满了恐惧，怕失业、怕贫穷、怕生病、怕丢脸、怕离别、怕死亡……而实际上我们每个人都可以是一个达摩流浪者。掌握生存的底气，然后追寻内心的自由，只要心能静下来，我们便可以像达摩一样客观从容地对待生活中的一切。希望我们永远年轻，永远热泪盈眶，永远充满希望！

佩谊

获得幸福的第一步是行动

华谊奢品主理人

奢侈品箱包鉴定师

二奢职业技能培训讲师

NLP国际专业执行师

蔡志忠说："你可以比自己想象的强100倍，只是你没有做到。"我不曾知道自己是强的，正在看字的你，知道自己有多强吗？

如何知道自己的强项是什么？如何确认自己今天比昨天强？我的经验就是：学以致用。意思是将你学到的知识和经验，去把一个不会的素人教会。

01. 人生的每一个转折都是冷启动

20岁，我带着做暑假工获得的500元工资，和省吃俭用攒出来的500元，一身孤勇独闯深圳，做过工厂文员、酒店服务员、保险业务员。那一年，命运的齿轮第一次启动。

23岁，我在某公交站邂逅爱情，他高大帅气，睿智又幽默，正处于事业上升期。一年后我们的爱情结晶呱呱落地，我在一个不知婚姻为何物的年纪做了妈妈。看着小天使从牙牙学语，到会骑滑板车，我每天都感慨生命的神奇，感慨原来我想要的幸福也可以如此清晰可见，我甚至笃定自己是被老天爷厚爱的，因为我的漂泊感和对未来不确定性的恐惧感，随着爱情和孩子的到来被一扫而空。

25岁，第一次夫妻创业，由于认知有限，不到半年便破产了，负债近百万元。贫贱夫妻百事哀，我们的感情开始有了裂痕。我不知道是他变了，还是我变了。我们每天努力经营事业和家庭，一定是不希望活成自己讨厌的样子的，但在债务重压之下，我们的关系降到了冰点。

31岁，在我们的关系拉扯了几年后，我还是恢复了单身。我从此一发不可收地投入各种学习课堂，不仅自考上了大专，后来还成功专升本，选择了自己热爱的教育学专业。此外，我还考了高级广告设计师职称，学了品牌文案策划、商务英语等。

自31岁这一年开始，我大胆强融新圈子，硬闯新社群。是的，我决定破屋重筑，没有了家庭的羁绊，与其说我开始放飞自我，不如说反正已经没什么可失去的了，那就大胆重启吧！

接触的新知识，提升了我的认知层；旅行路上遇到的人、领略过的不同地域的人文和习俗，逐渐改变了我的世界观。

如果说结婚是为了幸福，离婚也是。离婚后的幸福，是在各种各样的知识和见识中叠加呈现出来的。

35岁，我开始接触数字心理学、儿童心理学、塔罗……参加过很多大大小小的沙龙活动，走进各种老师的课堂。

回顾过往这几年，我热热闹闹地把自己重新活了一把，整个人都苏醒过来了。

36岁，正处于新媒体崛起的时代，我开始第二次创业。和几位师兄师姐联合共创“个人成长工作室”的同时，我还成为戈壁徒步108公里联合发起者。当带着莫名其妙的期待和好奇走完108

公里挑战赛时，我更迷茫了！

37岁那年，宣布第二次创业失败。

38岁，春节前夕，北京的学霸师兄在电话里召唤我："我们想做一款知识付费App，你来北京跟我们一起做吧！写内容是你的擅长，你写的东西大家都爱看。"听他这么说，我惊诧不已。

在这之前，尽管我经常隐约感到读书和写东西，是一件令人舒服自在的事情，但也只停留在随手记录的程度，从未想过可以系统地写出一本书。于是，我毅然决然放弃深圳的一切，只身前往北京。

在北京的这一年，陌生的同事和事物，陌生的新鲜风景，一切都是那么清新而又充满希望。我不再有无效社交，每天沉浸在码字、看书、看电影、写脚本、剪辑视频中，这些再一次使我逐渐沉淀自己的身心。

40岁，在闺蜜的灵魂拷问下，我结束了我的北漂生涯，回深圳第三次创业，进军二手奢侈品行业，也就是业内人简称的"二奢业"。

02. 不破不立

这几年不间断地外出游学，我遇到各种各样的同学、老师，我的思想也和各种奇奇怪怪的知识碰撞，我越来越清楚自己想要什么，怎么做可以实现目标，哪些人可以帮助我。

首先是破圈，这是我绕过很多弯路后的经验总结。如果不离开我们原来的圈层，那么我们的价值也就由身边人决定了。就像如果我们只活在一片湖水里，怎么能感受大海的辽阔？

其次是实践。执行力是首要的，如果没有强大的执行力，再华丽的学历和家庭背景也无法交上满意的答案。

进入二奢之初，我是一个连Birkin和Kelly包都分不清楚的行业小白，每天从早上睁开眼就开始思索，今天要卖哪个包，收哪些包，现在包包的行情价是多少，要写哪个包的文案……有时我沉浸地写文案或剪辑视频，抬头一看已是凌晨一两点我才收工回家。就这样，我一个人拿着闺蜜的70多万投资款，带着实习生学弟学妹们到处参加展会，把我每天学到的经验和技巧，毫无保留地和他们分享。就这样，第一年的销售额做到了1200多万元。

取得这个成绩，很多同行夸赞我做得很好，也想来跟我学习。可我作为一名连续创业者，非常清楚创业无论大小，都讲究顺势而为。这点成绩，我认为不过是当下形势给予我的红利，并不是我真的有多厉害。

从人生长度的层面，回看自己在成长这条路上，我有“变”了吗？是的，我变了，我觉得自己无时无刻不在改变——我每天不断地拍照、拍视频，不断地写文案，拍得不好就重新拍，剪辑出来效果不如预期，就重新剪……不断地向上成长、向前迈步、向深处扎根。

好像我也没变，始终主动学习、勇敢尝试、虚心请教，始终对未知领域的知识保持好奇心，并满怀希望，今天一定要比昨天进步，哪怕只是一点点。

03. 找出个性优势，做好自己人生的SOP

通过这几年的学习，我更清楚地看到了自己的能力。这么说吧，我其实还处于既没有面子，也没有里子的阶段。

一没有高学历，只有一步一个脚印地从基层做起，看清吃苦耐劳不是幸福的本质，也看清了没有人脉资源、没有优秀的人脉圈层，财富流通机会在哪里会出现。

二没有清晰和长期的职业规划，在一个行业里没扎根积累经验，在一个新行业里没做够三年，谈何入行？这是走过很多弯路后我的认知。

当看清楚了自己的短板和优势，我开始打怪升级一样打破知识盲区。比如，了解到自己擅于分析和教学，那就教会身边人去做；自己的动手能力比较弱，那就找行动力强的伙伴合作。

我也清楚，很多时候我们没能把事情做好，是因为只看到事物的表面，看不到市场行情的变化，也没有过来人指点一二。或许已经有前辈指点过，但由于自己认识有限，并没有听懂其真正意思，等走过去了再回头看，才看到自己是判断失误。也许有努力，但力气用错地方了，所以没有得到想要的结果。书看了不少，但我意识到书面文字只能解决“标准化的认知问题”，真正帮你拿结果的，还得靠自己亲自下场，去到离炮火最近的阵地，以身作则，杀敌拿结果。

你人生的SOP（标准作业程序），就是知道自己每天要做什么，不去做什么。

04. 幸福是能力的体现

写了这么多，永远脱离不了一个永恒的话题：如此折腾，你幸福吗？

我想说，幸福呀！因为获得幸福的第一步就是行动起来！只有行动起来，你才会发现自己的实力到底在哪个水平，才会发现你的潜力到底在哪里。如果持续高效地行动，随着时间的推移你会发现，我们的能力已在突飞猛进，逐渐地我们能做成功很多的事情，并在这些成功事情的加持下逐渐变得强大、幸福起来。

细想很多做成功的事情，不都是先有行动，再到完美收官吗？就算没有完美收官，在这一过程中，至少我们也可以学到一些东西，从而提升我们追求幸福的能力。

最后，说回道法自然，那便是带着美好的初心，听从内心，自然生成，不急不躁地走向实现我们价值观的大道。慢慢地，你会发现当你有勇气摒弃与你价值观相反的人，而选择与你同频的人一起做事的时候，你会减少很多无效社交，减去很多不必要的烦恼，还能感受到在成长的路上，你的思想和行为都像水一样自然流向你想要去的地方，突然就多了很多幸福感的人、事、物。

“幸福”是一种能力体现，想要感受到幸福，拥有幸福，我们就必须行动起来，在行动中不断提升自己的能力，使自己不断变得强大。

爱可儿

产品经理的世界一点也不神秘

曾任职中国移动页面设计师

曾参与法国Giift集团千万级别投融资项目

斜杠女青年，副业探索者

UI/UE设计师 | 插画师 | 跨境电商探索者 | 数字游民浅尝者

在人生的道路上，一帆风顺的旅途往往只是短暂的幻象。正是那些不期而遇的坎坷，塑造了我们坚韧不拔的意志，让我们在风雨中清醒地认识到自己的价值和方向。这些经历，如同磨刀石，将我们的内心打磨得更加坚强和明亮。它们教会我们，在逆境中寻找成长的机会，让我们更加坚定地追求内心真正的渴望，勇敢地做自己，过自己想过的生活，不随波逐流，不迷失自我。这样的人生，虽充满挑战，却也无比充实和值得。

01. 从设计师到产品经理的无奈转变

在数字媒体艺术的世界里，我曾如鱼得水，尽情挥洒创意与激情。大学时选择了数字媒体艺术专业，我便一头扎进了这个充满无限可能的领域。对我来说，设计不仅仅是一份工作，更是一种表达自我、释放灵魂的方式。

毕业后，我进了电视台。那扇高大的门背后，本应是我的艺术梦想继续绽放的地方，然而，现实却与想象大相径庭。电视台的工作环境充斥着各种人情世故，那些微妙的关系和应酬让我感到无比厌烦。我只想沉浸在自己的设计世界里，用色彩和线条诉说故事，用创意和灵感打动人心。我不屑于去迎合那些复杂的人际关系，始终坚守着自己内心的那片纯净之地。

我是一个为爱而设计和工作的人。每一个项目，我都投入了全部的热情和心血。我会为了找到一个完美的色彩搭配而挑灯夜战，会为了一个独特的设计理念而绞尽脑汁。我的性格有些无法无天，在设计的王国里，我就是主宰，不被传统束缚，敢于挑战常规。我相信，只有这样，才能创造出真正独特而有价值的作品。

可是，命运却总是喜欢开玩笑。项目组觉得需要一个负责统筹管理的产品经理，又认为单独花钱雇一个产品经理着实浪费钱，于是，我便被突然任命为产品经理。What？产品经理是做什么的我都不是很清楚……但我却别无选择，只能无奈地接受这个现实。

02. 女人，生来就有一颗要强的心

我，典型的狮子座性格，生来就有一颗要强的心。既然已经被推上了产品经理的位置，那就接受这全新的挑战吧。新的岗位意味着有更多的机会和可能。

我开始疯狂地收集产品经理的相关信息自学。从产品管理的基础理论到行业的最新动态，一本本厚重的书籍成了我的良师益友。每天下班回到家，我便一头扎进书的世界，如饥似渴地汲取着知识。那些专业术语和案例分析，起初让我感到有些吃力，但

我没有放弃，反复琢磨，直到理解透彻。课程也是我提升自己的重要途径。我报名参加了各种线上线下的课程，利用周末和晚上的时间学习。在课堂上，我认真听讲，积极提问，与老师和同学们交流探讨。每一次课程都让我收获满满，不仅使我学到了专业知识，还拓宽了自己的视野。而研发项目实操则是检验我所学知识的战场。我积极参与到各个项目中，亲力亲为，从需求调研到产品规划，从项目推进到上线后的优化，我都全程参与。在实践中，我不断尝试新的方法和策略，遇到问题时，我积极向同事、前辈们请教。每一次成功解决问题，都让我感到无比满足和自豪。

然而，职场的道路从来都不是一帆风顺的。我付出了比别人多十倍的努力，却往往只能得到一点认可。有时候，看着自己辛苦付出却得不到相应的回报，我也会感到委屈和失落。但当我冷静下来思考，我也明白他们只认产品经理这个头衔，所以觉得一切都理所当然。

我明白，在这个竞争激烈的职场中，每个人都在努力，而想要脱颖而出，就必须付出更多的努力。努力十倍并不是一个具体的数字，而是一种态度，一种对自己严格要求、不断超越的态度。这一点认可虽然看似微不足道，但却是对我努力的一种肯定，它让我知道自己的付出没有白费，也让我更坚定了继续努力的决心。同时，我也意识到，认可不仅仅来自他人，更来自自己。当我看到自己在不断成长、不断进步时，那种成就感是无法用言语来形容的。我不再过分追求他人的认可，而是专注于自己的成长和发展。

在追求事业成功的同时，我也没有忘记生活的美好。因为我明白，只有热爱生活的产品经理才能设计出好的产品。我会在忙碌的工作之余，抽出时间去做自己喜欢的事情。我可能会去看一场电影，放松一下心情；我可能会去逛一逛书店，寻找新的灵感；我也可能会和朋友一起聚聚，分享生活的点滴。为的是打造出真正能够满足用户需求、为用户带来价值的产品。我不仅把产品经理当成一份工作，更将其当成一种使命。我不断地思考着用户的需求，探索着创新的方向，为了实现自己的理想而努力奋斗。一路走来，有汗水，有泪水，有挫折，也有收获。我知道，只有不断努力，才能成就更好的自己。我相信，在未来的日子里，我一定能够成为一名优秀的产品经理，实现自己的人生小目标。

03. 互联网研发项目组也能偶遇“诈骗犯”

在现代企业中，研发项目组是推动技术创新和产品开发的核心力量。然而，即使是在这样的专业领域，也难免会遇到一些不诚信的行为。

我记得那是刚接手一个新的项目，由于技术升级，我们急需招聘一位厉害的技术总监来解决我们在开发过程中遇到的实际问题。于是管理级别的工作人员迅速拟定了一套针对这个岗位的招聘流程。一共三面，人事经理首面，产品经理和运营经理二面，最后老板三面。我们一共准备了50道工作中会遇到的相关问题，随机抽取提问，且面试人员互相监督，算是比较严格的面试了。几轮面试下来，我们迟迟没有招到合适的人才，最后只好到处找同行求内推。几经波折，最后运营总监认识的一个老板给我们推荐了一位人才，他拥有光鲜的简历，在面试中，他滔滔不绝地讲述着复杂的技术概念，仿佛他就是那个能够带领团队走向辉煌的人。

然而，随着技术总监的加入，一些不和谐的迹象开始浮现出来。团队成员开始抱怨，项目进展缓慢，技术决策频频出错。更令人不安的是，他似乎总是在关键时刻消失，留下团队成员在技术上苦苦挣扎。一个月的时间转眼即逝，他为团队指挥工作时，好像都是靠背诵百度词条来伪装自己的专业度；从未动手写过一行代码，更别提帮团队成员修改疑难bug。一时间同事们私下都议论纷纷。

有一天，我正在认真工作，技术总监突然约我到小会议室，然后直接让我站队，还威胁我说老板现在只重视他，他是公司的未来之星，如果我站错队，他就解决掉我。What？这位仁兄是电视看多了，还是脑袋不太好使？莫名其妙。事后我才得知，运营总监和市场总监也有同样的遭遇。

由于老板被他蒙蔽太深，根本无法请他离开。你敢相信互联网团队的高效与协作精神用到了背调与取证上吗？大家分工后开始以最快的速度深入挖掘技术总监的背景，发现他的学历和工作经历都是虚构的。更糟糕的是，联系到了他上上家的同事，得知他在前公司的行为导致重大的项目失败，公司破产。而介绍他来上班的老板也承认自己实在是无法请走他，才帮他找了一份更高收入的工作，为的是送走“大神”。

有了这些人证和之前在项目开发中他的实际操作表现作为证据，我们几个管理层的经理决定采取行动。首先与他进行了一次严肃的对话，希望他能坦白一切。然而，他拒绝承认任何不端行为，甚至试图以法律手段威胁公司。

最后公司决定采取法律手段，聘请了一位律师来处理此事。同时，为了维护团队的士气和公司的声誉，公司决定聘请某资深架构师在内部进行一次全面的技术培训，以弥补此次事件留下的技术空白。

经历了这场风波后，公司变得更加团结。我们意识到，诚信和透明度是团队成功的关键。老板在全体员工大会上宣布了技术总监的离职，并强调了公司对于诚信的重视。老板宣布将建立一个更加严格的招聘和背景调查流程，以确保不会再有类似的事件发生。

04. 产品经理的创业挑战：在不确定性中寻找机遇

作为一名产品经理，我心中始终怀揣着创业的梦想。我坚信，不想创业的产品经理不是一个好的创新者。我的创业之旅充满了挑战，但也让我在不确定性中学会了如何寻找机遇。

我的首次创业是一次海外合作项目。我带着满腔热情和对产品的深刻理解，准备在国际市场上大展拳脚。然而，正当我准备全力以赴时，新冠疫情的暴发打乱了我所有的计划。疫情不仅影响了全球经济，也使得跨国合作变得异常困难。面对这样的不确定性，我不得不重新评估自己的创业计划，最终决定暂时搁置这个项目。

在海外创业计划夭折后，我并没有放弃。我将目光转向了亚马逊电商，希望通过这个平台实现自己的创业梦想。在深入研究了市场和用户需求后，我发现要想在电商领域取得成功，需要敢于冒险，全力以赴。然而，当时的大环境并不乐观，经济形势的不确定性让我犹豫不决。在权衡了风险和收益后，我选择了谨慎行事，最终决定放弃这个项目。

经历了两次创业尝试的失败后，我选择回归到熟悉的互联网产品经理岗位。稳定的薪资让我有了更多的时间和精力去思考和规划未来的创业之路。在日常工作之余，我开始探索副业，希望通过多元化的尝试来积累更多的经验和资源。在探索副业的过程中，我发现，主业为我提供了稳定的收入和行业经验，副业则给了我更多的自由和创新的空间。我开始尝试不同的项目，从小型的咨询服务到参与初创公司的项目。这些经历不仅开阔了我的视野，也让我更加清楚地认识到自己的优势和兴趣所在。

我的创业之路充满了挑战，但也充满了机遇。在不确定性中寻找机遇，需要勇气、智慧和坚持不懈的努力。每一次尝试都是一次成长的机会，每一次失败都是通往成功的必经之路。只要保持热情和创新精神，不断学习和适应，我相信自己一定能在创业旅程中找到属于自己的一片天空。

宝宝姐

38 岁来到香港，我是如何从零开始站稳脚跟的

香港中文大学优秀硕士毕业生

20年一线教学经验

亲子教育杰出工作者

公众号“遇见宝宝姐”创始人

在朋友眼里，我俨然就是个人生赢家：高薪的工作，幸福美满的家庭，美貌与智慧并存，有个与我情同姐妹的女儿。我似乎活成了她们每个人都想成为的样子。

很多人问我：宝宝姐，你是怎么做到的？

问的人多了，我也开始思考：是啊，我是怎么做到的呢？

01. 勇于挑战并竭尽全力，命运就不会亏待你

38岁离开北京，放弃安稳舒适的生活，离开自己熟悉的一切，来到陌生的香港，是需要勇气的。但为了女儿上学，我别无选择。

为了能在这个陌生的城市里安身立命，把家安顿好之后我做的第一件事，就是给十几所学校递交了自荐信和简历，但结果都石沉大海。一个好心人告诉我，我的内地师范大学本科文凭是不被香港教育局认可的。他建议我去考评局评估认证一下，但据他所知通过的概率很小。

第二天，我就向考评局递交了认证材料和费用。近一个月漫长的等待之后，我终于等来了考评局的电话。让我欣喜若狂的

是，我的学历认证通过了！

我以为通过了认证自己就可以重操旧业去当老师了，所以立刻又寄出了十几封求职信。这一次我倒是收到了很多回复，但结果却是我只能和应届大学毕业生一样，从最基本的助教做起。那一刻，我的心情跌落到谷底。

我扪心自问：你能想象自己和20岁的小姑娘一样，每天帮老师打印资料、做做课件，然后看着学生做练习吗？答案是否定的。

那么要如何突围？如何才能在竞争异常激烈的香港找到自己的一席之地？答案是：只有站到更高的起点上。于是，我决定去读一个中文教育类的研究生。

香港理工大学的中文研究生相对来讲比较容易考，但含金量稍逊。香港中文大学的中文研究生的含金量不言而喻，但想考上也很难。思量再三，我选择了香港中文大学。

当时，距离港中大研究生院的入学考试只剩下两个月。在那两个月里，每天除了睡觉和吃饭的五六个小时，剩下的时间我全都用来看书学习了。

两个月后我走进了考场，笔试的题目很难，题量很大，面试分为小组讨论和个人问答两部分。考试结束后我沮丧地打电话给妈妈说："妈，我觉得自己没戏。"

妈妈安慰我说："没关系，妈知道你已经尽力了。"

让我没想到的是，最终我竟然以面试第一名的成绩，被香港中文大学研究生院录取了。直到今天，每当想起当初放榜那天的情景，我的心情仍然激动不已。

在港中大读研究生的那两年，是我38年的人生中最艰辛的日子。但也正是因为当初的那个决定，以及那两年全力以赴的付出，让我在香港这个陌生、竞争激烈的城市开创了一片新天地，并站稳了脚跟。

改变是需要勇气的，而且没人能保证自己一定成功，但只要竭尽全力、不轻言放弃，命运就不会亏待你。

02. 最好的教育，就是成为孩子的榜样

女儿是上小学6年级时转学到香港来的，当时的政策是香港所有小学都不接受6年级插班生。但最终我成功为女儿争取到了一个学位，这在别人眼里几乎是不可能做到的。

因为女儿从小在各方面的基础都打得很牢，所以来到香港后，成绩优异、性格开朗大方的她很快就融入新环境中，并在一年后破例进入那所被称为“一条腿迈进港大”的英文中学。

中学6年，无论是学习还是课外活动，女儿都将她从小养成的好习惯和好品质体现得淋漓尽致。

首先，上了中学后女儿的学习我就基本放手了，只在关键的节点上给她一些适当的提醒和引导，而她的各科成绩始终都名列前茅。其次，从小培养起来的文艺素养，让她在舞蹈、乐器演奏、唱歌、演讲、运动方面都表现得很出色，而且在全港和校际

的各种比赛中得奖无数，为学校赢得了很多荣誉。

特别值得一提的是，她在校际运动会上的跨栏成绩，至今都无人打破。

高中毕业前夕，因为突出的表现，校长为女儿争取到了保送北大的名额，并在北大在港举办的面试中，以第一名的成绩被北大提前录取。

当时北大给女儿提供了全额奖学金，而且所有的院系和专业任由她选择。北大负责招生的老师特别希望女儿能去北大，并写了好几封电邮给我。

我当然也希望女儿能去北大，那可是13亿人向往的北大。可她却志不在此，我们的母女关系第一次陷入僵局。

那段时间，我们母女俩就那样僵着，最后还是女儿用一句话打开了我的心结。

她问我："妈妈这么用心培养我，是为了什么？"

"妈妈希望你能有一个美好的前程，能拥有更多的快乐。妈妈最大的愿望就是你能快乐。"

"妈妈，无论选择北大还是港大，我都相信自己能有一个美好的前途，可选择港大会让我更快乐。"

那一刻我恍然大悟。

接下来女儿参加了香港高考，并以高出录取分数线一大截的优势，被香港大学录取。

至此，有两份重量级的大学录取通知书摆在女儿面前，任由她选择。最终，她选择了港大。

在港大的四年，女儿的表现同样非常优秀。四年后，她以一级荣誉毕业生的殊荣从港大毕业，并成功进入伦敦大学继续攻读研究生。

现在，女儿已经毕业回到香港，并且从事着她自己非常喜欢的工作，表现同样很优秀。

很多读者问我，是用什么方法把女儿教育得这么优秀的？当了20年的老师，我的教育经验有很多，也培养了许许多多“别人家的孩子”，但我最想说的是：最好的教育，便是成为孩子的榜样。

从小到大，我从来不给女儿讲道理，也从不要求她应该怎样做，但我会以身作则。

远的不说了，举个最近的例子，当年我读研究生的时候，要用两年完成16门核心课程和选修课程的学习，并通过各种考试。除此之外还要阅读大量的书籍和文献，并完成研习报告和论文，包括毕业论文。因此那两年家里的场景常常是：每天夜深人静时，我和小姑娘都是每人一张书桌，每张桌上一盏台灯。

常常是我催促她：“太晚了，宝宝快去睡吧！”而她则回答我：“妈妈睡吗？妈妈睡我就睡。”结果就是我们相视一笑，继续相伴挑灯夜读，并肩战斗。

不知道有多少次，小姑娘抢走了我手里的书，压在她枕头底下，怕我再偷偷地看。也不知道有多少次，我强行关掉她房间的灯，可过会儿再去看的时候，却发现她偷偷把台灯拿到床上，蒙着毛巾在做题。

在学习上，我从没要求过女儿应该怎样做，但我用实际行动教会了她什么是坚持和竭尽全力。

最好的教育，便是成为孩子的榜样。如果你觉得养孩子太难，那一定是方法错了。

03. 像爱自己的孩子那样，去爱每一个学生

在20年的教学生涯中，我一向很少去过分关注那些优秀的孩子，因为他们从来都不缺少关注。我会把更多精力放在别人眼里的“坏孩子”“笨孩子”身上，放在那些因为疏于管教，而在行为习惯和成绩上处于劣势的孩子身上。在他们身上，我倾注了很多包容和耐心。

我想，这一方面是出于老师的责任，另一方面是出于母性的本能吧。

虽然这些孩子常常把我气得够呛，但每当想放弃的时候，我

都会问自己：如果他是你的孩子，你会怎么做？

我曾经教过一个叫小林的学生，一个学期过去了，我都没有见过他的爸爸妈妈，每天接送他上下学的，一直都是家里的司机和保姆。更令人心疼的是，小林一年四季穿的都是一身短衣短裤学生装。

夏天倒没什么，可香港的冬天是多么湿冷，待过的人都知道。寒冷的冬天里，在众多穿着厚外套、围着大围巾的学生当中，穿着短衣短裤的小林显得特别瘦小和突兀，让人心疼。

我问他："你为什么不穿外套呢？"

他回答："不喜欢。"

我把他的手拉过来摸了摸，冰冷冰冷的。

放学的时候我问他的保姆："为什么不给小林穿外套？"

那个梳着大辫子的印尼女孩苦笑着说："外套就在书包里，他不穿啊！"

第二天我问小林："天气这么冷，妈妈没有让你穿外套吗？"

他低下头看着怀里的足球说："妈妈？我都很久没见着她了！"

那一刻我的鼻子突然一酸，连忙从他的书包里取出毛衣，拉住他说："把它穿上，穿上就不会流鼻涕了！"

他一边挣脱我，一边摇着头说："不穿，不穿！"

我赶紧说："好，那就不穿，但披在肩膀上好吗？听老师话。"

他不情愿地走过来，我把毛衣给他披上，并把两个袖子在胸前打了个结。

那天一直到下课前，他的毛衣都披在肩膀上。放学后我把他叫到跟前问："今天觉得暖和吗？"

他笑了笑没说话，我拉过他的手摸了摸，没那么冰冷了。

"小林，如果明天你也能像今天这样把外套披在肩膀上，老师就送一整套《数码西游》给你。"我说。

"真的吗？"他睁大了眼睛问。

"真的。"

那天下班之后，我直接奔去了商务印书馆，买回那套每天课前和课后学生们都抢着看的漫画书。

第二天早上，小林是肩膀上披着毛衣来的，那天一整天他的手都是暖的。放学前，我把那套《数码西游》交到他的手上。

那以后的几天里，小林的毛衣每天都披在肩膀上。从第二个星期开始，他的毛衣就穿在身上了，并且整个冬天都没有脱下过。

10年过去了，当初他接过漫画时脸上那惊喜的笑容，和他捧着漫画书离开时那心满意足的背影，今天想起来仿佛就在眼前。

在寒冷的冬天里，没有一个孩子不需要一件毛衣，正如在成长的过程中，没有一个孩子不渴望妈妈的陪伴和温暖。

一个习惯了冰冷的孩子，他的世界就是冰冷的。正如一个缺少关注和关怀的孩子，会认为自己只配得到冷漠和疏忽。

我不是责怪那些在孩子成长过程中常常缺席的妈妈，因为每个妈妈都有她的身不由己。但我还是希望每一个孩子在成长的路上都能有妈妈的用心陪伴。

我也希望，每一个老师都能像爱自己的孩子那样，去爱每一个学生。

小马姐

创造被动收入，让职场多一份底气

营销策划师

公寓运营人

家庭教育讲师

终身学习者

人到中年的我，已在工作岗位上奋斗了十几年。曾担任电台主持人、活动策划、新媒体运营、加盟推广以及营销负责人等诸多职位，可以说这十几年间，我将最好的青春都投入工作之中。为了达成业绩，常常加班熬夜，可我依旧状态饱满。有幸成为公司新业务的初创团队成员之一，在新岗位上我也赢得了领导们的认可。就这样，在同一家公司一待便是十几年。其间，因公司业务需求，我的工作岗位多次调整，接触到不同的工作内容，这使我对公司各业务模块知识都有所涉猎，但又似乎都不够专业。在同事们眼中，这是我的优势，觉得我什么都懂，十分厉害。然而，我却陷入深深的迷茫。收入虽然稳定，却过于单一。孩子步入小学，教育支出不断增加，还有房贷车贷、保险、人情支出等各种开销，这促使我不得不去寻求改变。

幸运的是，由于思维的转变，一切都发生了改变。如今，我不仅赚到了工资之外的被动收入，还让身边的人惊叹：真没想到身材如此娇小的你，竟蕴含着如此巨大的能量。这份被动收入，不但提升了我的生活质量，还让我在职场中更具底气。

01. 中年职场瓶颈期，从0到1去破局

可能所有经历过中年职场危机的人都有这般感受：工作中越来越难以找到自身的价值感，而且现在这么卷，经常加班，陪伴孩子的时间也越来越少，究竟是安于现状，还是勇敢突破？是否要重新做出选择？内心极度渴望尽快找到发展方向，期望能有更多的时间来陪伴孩子，我渴望更自由的工作。但仔细思量，自身没有过硬的专业技能，更是不敢贸然裸辞！

有一天午休，我在公众号上偶然刷到一篇子安老师从银行辞职创业的文章，老师通过长租公寓建立了自己充足的被动收入，实现了在一线城市买房、资产倍增的梦想。我突然意识到，所有的焦虑来自想要的太多，也来自收入单一，缺乏被动收入，正因如此，我才没有底气去做出选择。怀着强烈的好奇心，我从官方平台上找到了老师的学习课程，在没有上过任何体验课的情况下，直接报名了官方的线上课，开始一边学习一边跟着课程实操落地。那段时间，我每天早上6点多起床听课学习，中午下班利用午休时间去踩盘，到了上班时间又匆匆忙忙赶回公司；下班后若有时间，晚上又约中介去看房、约房东谈判，常常忙到很晚才回家，有时候回家可能还要加班处理公司事务，基本每天都忙到凌晨1点才睡，那段时间，我疯狂学习、踩盘、见中介、见房东。

以前，我从来没有接触过租赁行业，一开始去和中介、房

东谈时，根本不知道如何着手，没有任何谈判经验，所以内心十分害怕。每次约中介、房东谈判前，我都会到学习社群里向有经验的同学请教，再把子安老师的谈判音频课拿出来反复听，认真做笔记，尽量记住一些谈判话术后，才去和房东谈判。我还记得第一次约见的房东阿姨，在正对地铁口位置有一整层房源都是她的，全新装修，当时可以一次谈多套，我满心期待。初次见面时，我紧张得不知道说什么好，担心被拒绝，害怕谈不成，内心戏十足。到真正谈的时候，似乎也没那么难，就是和阿姨拉拉家常、了解需求、给出解决方案，第一次谈到晚上11点多，给阿姨留下了不错的印象。后面又和房东阿姨约谈了几次，但提出的条件未能达成一致。虽然谈判失败，但我从她身上学到了很多东西，她从年轻的时候就开始创业，才有了如今的资产。非常感谢她给了我约谈的机会，给了我很多信心和勇气，促使我迈出了独自谈判的第一步。两个多月的时间里，我看了差不多60多套房，谈了十几个房东，却没有一个房东愿意把房子租给我。

这段经历虽然充满挫折，但它让我深刻明白，挫折并非是阻碍我们前进的绊脚石，而是成长的催化剂。在追寻梦想的路上，我们或许会遭遇无数的困难和拒绝，但只要保持积极乐观的心态，相信自己的能力，勇往直前，就一定能够突破困境，找到属于自己的成功之路，实现人生的价值与梦想。

02. 孤身前行，踏上从0到1被动收入创业之路

起初，家里人和身边的朋友对我充满质疑，无人支持我，甚至以为我被洗脑了。在各种不理解、不被支持的情况下，我凭借自己的学习与践行坚持下来了。终于，在年末的最后一天，我遇到了第一位信任我的房东。经过长达4个小时的谈判，成功签下了我的第一套房，谈到了9年不递增、1个月装修期、每年1个月免租期的合同，锁定了未来9年被动收入。到现在我仍然清晰记得当时的谈判场景，内心紧张却表现得从容自若，遇到不知如何谈判的地方，还借口躲到厕所向有落地经验的同学打电话请教。从0到1的过程，我有过信心的动摇，也有过自我激励打鸡血的时候。就这样，我孤身一人，逐步开启了我的被动收入创业之路。

拿到房后，装修问题摆在眼前。设计、装修都需要时间去做，而我上班又无暇顾及。于是，我花钱聘请设计师帮我设计、采购下单，还找帮我拿房的中介小哥帮忙收快递。自己则在下班后的晚上去现场忙碌，原本一周就能装修完的房子，我独自一人花了半个月时间，像蚂蚁搬家似的一点点改造完成。

接下来，满心欢喜迎接即将要开启的被动收入事业。此前，我只上了长租公寓课，还没上过民宿课。但我大胆尝试，直接在平台上架房源，开始运营接单。刚宣传出去，首单就接到了曾

经谈判过的一位房东姐姐介绍的朋友，想想我人缘还不错吧，房子没谈成功，房东却给我介绍起生意来了。不过事实往往没这么顺利，一波三折。首次接单还闹出乌龙，不知道要打开洗手间水龙头的冷热水开关，大冬天让客户没有热水用，客户住了一晚就感冒了。为表诚意，我只好把当日房费全部退还，以作赔礼道歉。

有了这次教训后，我开始去刷肖老师的民宿课，回来后按照老师教的方法优化民宿流程，自己再入住体验。经过一段时间调整和亲自运营，我规避了一些问题，总结了一些经验。民宿运营了一段时间，效果还不错。但由于工作原因没办法及时回复客户信息，因此错失了很多订单。所以，我决定长短租灵活经营，把房源发布到各种平台和中介公司，自己还做了一场租房直播。仅用3天时间就把房租出去了，而且租赁价格打破了同小区租房最高价，出租半年直接做到了出租即回本，赚到我的第一笔被动收入。真正的成功，并非避免跌倒，而是每次跌倒后都能坚强站起来，每次尝试都是自我探索，每次失败都是为日后取得成功积累经验。

03. 从1到10成功复制，获得家人认可支持

出房后，每天都能接到中介小哥们的电话和微信，不停地询问我是否还有其他房源，催促我赶紧拿房出房。有了第一套房带

来的信心，很快第二个月我又签下了第二套、第三套。拿房后，我开始请家人帮我运营、装修、打扫。我还记得，有一天晚上，连3岁小外甥都来帮忙了，出发的时候，他帮我拎工具箱，他以为里面是一箱奥特曼卡片，边拎着边开心地说着话。到房间后，他帮忙捶钉子，拿刀叉玩，简直就是个活宝，逗得全家人开怀大笑，也让我的装修过程充满了乐趣。每套房的改造过程都聚集了我们一家人的爱，老妈还说让我每次拿了房就叫她来帮忙，真的很暖心、很幸福！在家人的共同支持下，我的装修、出房速度都加快了，运营也逐步实现自动化管理。在打造副业被动收入过程中，我学会了很多新技能，也得到了家人更多的关爱和支持。我慢慢调整了自己焦虑的状态，可以更从容地面对一切挑战。有时候妈妈会问我："累吗？"我笑笑回答她："不累，有被动收入挺开心和安心的。可能身体累点，但心一点也不累。"

如今，我每月有稳定的主动收入和被动收入，工作也不再那么焦虑。我有更多机会带孩子长见识，激励孩子不断去探索更多未知领域，看到孩子越来越优秀。我感谢自己勇敢迈出了这一步，开始可能很难，但坚持下来，才会发现自己比想象中更强大。在这个多元化的世界中，每个人都有潜力开拓自己的副业之路，发掘额外的收入来源。我希望可以帮助大家去探索自己的副业收入，让我们共同开启这段充满可能性的旅程。

如果你也渴望像我一样，拥有稳定的收入、从容的工作状态以及陪伴孩子成长的美好时光，欢迎来链接我！让我们携手并进，勇敢迈出第一步，坚持开拓副业路，不仅为了财富的增长，更为了实现个人价值，让生活变得丰富多彩。记住，每一步尝试都离成功更近，每一次挑战都是自我超越的机会。让我们一起迈出这一步，连接未来，让梦想照进现实。

奚沄辰

平凡人的挣扎，只为活着

专注家庭教育与心理疗愈十余年

美国正面管教协会认证学校与家长双讲师、社会情感学习讲师

鼓励咨询师，Livingworks官方认证自杀预防安全员

高级家庭教育指导师，思维导图培训师，非暴力沟通践行者

在提笔写这篇文稿时，我想：“跟其他老师相比，自己的故事实在是太平凡，并且也没有他们那样的成功经历，会有人看吗？会对别人有帮助吗？”十年的时间，我竭尽所能地学习疗愈自己，向他人求救，也想尽办法自救，反复挣扎，只有一个目的——活下来！

01. 幸福的童年也会有伤痛

我虽出生在农村，但从小时候记事起我们家的条件就不算差。加之我是同辈中的第一个孩子，家里人都对我尤其偏爱，我的奶粉、肉粥，哪怕小姑姑再馋也没有她的份，爸爸妈妈、爷奶叔伯常常会给我带回来新奇的小零食、小玩具，漂亮的衣服鞋子，也经常会带我进城玩儿。上幼儿园时爸妈把我的户口迁到了小叔家里，我就开始了上学在城里，放假回村里的“半个城里人”的生活。这些都归功于我出生在了一个崇尚勤劳善良、会思考、敢冲闯（有冒险精神）的大家庭里，爷爷从少年时期就进城做木匠学徒，还学习了上梁建房，领着爸爸、叔叔们进入了建筑行业，我们家成了村里先富起来的那一拨。爸爸小学未毕业就从一名挑沙灰的建筑工人开始，一步步成立了自己的工程队、建筑公司。而原本是护士的妈妈在把妹妹弟弟带大到上幼儿园后就从零开始学做出纳、会计，协助爸爸管理公司。正因为祖辈父辈尤其是爸爸妈妈的辛劳付出，才有了我们姐弟三人从上幼儿园开始就能享受到优质的教育资源。除此之外，他们也时常带我们外出旅游，到高中毕业时我们基本上已经走遍大半个中国了。

能有这样的童年，较之其他的“80后”来说已经是非常幸福的了，但是在这样一个幸福的童年里，我却长成了一个敏感多虑、求认可、求关注、爱赌气、脾气暴躁的小孩儿。

上学前爸妈外出打工，我一直都在奶奶家，日子过得无忧无虑也没心没肺，每天都是跟着村里几个稍大些的小伙伴从这个村玩到那个屯。唯一让我不太理解的事儿是老家的一众亲戚来串门看见我的时候总喜欢说一句“你妈就是太狠心了，把你丢在奶奶家不要你了”。说的人多了，我就追着奶奶问当时的情形，我本以为我只是好奇发生了什么，也从不在意，因为我后来有了很好很好的妈妈了，但却会在有人提起的时候脑子里浮现出一个画面：亲生母亲和奶奶一言不合就将还在裹着抱被的我丢在了米桶盖子上，转身再不看我一眼就走了，也不顾当时摔在地上哭得撕心裂肺的小小的我。

大概三四岁的时候吧，我记得现在的妈妈来奶奶家看过我，给我买了一条非常漂亮的红色裙子和小皮鞋，也记得她和爸爸的喜酒席上我也很高兴，虽然当时很害羞没有叫她妈妈，但是我心里是很高兴的，因为我终于有妈妈了。到后来我在城里上学，我的亲生母亲拿着我小时候的照片来学校找我时，我并不意外，但是很愤怒，不想理她。爸爸知道后才将他们离婚的经过讲给我听，那时的我心里依然有个声音：“我做错了什么，为什么不要我？”即便后来爸爸妈妈工作忙，照顾不过来我们姐弟三人，决定送我们到邻城的一所寄宿制私立学校上学，也从未阻拦过亲生母亲、舅舅与我的联络，只对他们提了一点要求，不要影响我学习。

02. 恋爱脑的婚姻：一手王炸牌给打得稀烂

小时候我就很喜欢和村里长得帅气的小哥哥、漂亮的小姐姐一起玩，请他们教我写寒、暑假作业，这个大概就是大家所说的人人皆爱美（花痴）吧。有一年我在二叔家见到了一个帅气的小哥哥，当时的我傲娇，不理他，到后来几家爸爸妈妈们约着出去旅游过年，在那个懵懂的年纪，那个长得又高又帅，皮肤白皙，笑起来很干净，对弟弟妹妹很有耐心的小哥哥就这么住进了我的心里。再后来他成了我现在孩子的爸爸，但不幸的是在我们都还没有长大懂事，都还没有学会如何沟通的时候，就草率地结婚了，结婚后不到3个月我就怀孕了。那时候的我硕士毕业后回国备考了一年，刚考上家乡省会城市的一所高校。那时的我也很天真，觉得小两口异地也没关系，只要两个人真心相爱，再难的问题也能顺利解决。

在孩子爸爸“家是讲情不讲理的地方”“自己挣的工资自己花”的理论基础上，我们的新婚生活开始了。跟所有鸡飞狗跳的家庭一样，很多鸡毛蒜皮的小事儿都能成为家庭矛盾的导火索。小到煮面时放菜的顺序，炒菜时是否加水，吃饭时谈论什么菜能清火消痘缓解痔疮，大到生娃是顺产还是剖宫产都能念叨好久，这些事情都让外在大大咧咧、内在敏感多虑的我倍感压抑。孩子出生后我越发地缺乏安全感，常常食不下咽、以泪洗面，月子里体重掉了21公斤，那时的我还不知道自己产后抑郁了，只是常常听到：“你是不是有病？你会不会说话？一天尽丧着个脸，我们家欠你的吗?”

自小生活从无匮乏感的我，又何曾想过有一天会为了孩子的奶粉和纸尿裤钱发愁呢？产假期间不到2000的工资要养活自己和孩子，太难了，也正是在那个时候冒出了很多母婴电商品牌，打着“自用便宜、销售挣钱”的口号吸引了一大拨的分销商，而我也是其中一员。我利用产假时间学习和分享母婴护理知识，尝试销售母婴用品，以期能够增加些收入。但是由于莽撞地贷款、囤货、开店，最后亏本了近百万。想要止损的时候我已然无力独自承担了，于是我向孩子爸爸求助，得到的是一句“跟我没关系，我不管”和其后的“您拨打的用户已关机”。那时的我知道了原来一个说爱我，想要给我一个温暖的家的人也是会抛弃我的，那一刻我想要活下去，但却不知道该怎么办。

一天两天，浑浑噩噩不知过了多久，每天只有三四十通催还款电话和仿佛无限循环的噩梦在陪伴着我，突然有一天我偶然看到镜子里的自己，头发花白一片，我面无表情地看着镜子里的自己，原来“一夜白头”是真的存在的呀！那时的我虽然身在学校，但是根本无力承担正常的工作，每周一节课，备课、讲课和作业批改仿佛已经耗尽了我所有的心力，剩余的时间仿佛一眨眼就凭空消失了。空闲时发呆的我会冒出这样的念头：“我怎么就把爸妈给的一副王炸好牌，打得这么稀烂的？”

直到有一天，爸妈通过在银行工作的一位阿姨得知了我拖欠还款的事儿，一通电话让我赶紧回家，我知道自己再也藏不住了。回到家我明显感到了家里极低的气压，本来应该絮叨着说着“结婚了，日子就要自己想好了过，养娃了就不要大手大脚”的妈妈一声不吭；原以为会像一只暴怒的狮子狂吼我一顿的爸爸，用复杂的眼神看着我，仿佛在用力地强压着满腔的怒火，说出来的话却是“你把你欠的贷款一笔笔写下来，我跟你妈和你一起算清楚”。我畏缩怯懦地一点点开始写，每写一笔就抬头看一眼爸爸和妈妈又紧了一些的眉头，最后当80多万元的数字刺目地出现在纸上的时候，爸爸开始一根接一根地抽烟，妈妈不住地叹气。

爸爸妈妈良久才开口问我：“怎么胆子就那么大，一个月卖不出去几包纸尿裤，就敢借那么多钱？是觉得反正有我们在吗？”我泣不成声，不住地摇头，却又说不出一句话来。

03. 离婚后才发现，孩子和自己才是命中的“救赎”

耗时两年多，终于，我离婚了。

离婚后，我只身带着孩子到了工作的城市，住的是和两位同事一起租的教工宿舍，就是一间放了一架学生宿舍高低床、一张课桌和一个小衣柜就需要侧身才能通过的小储物间，一个月300多块钱是我当时能够支付的最高租金。因为之前的意志消沉，我在单位的工作量严重不足，单位需要在接下来的一年扣回上一年多发的工资，直到我恢复正常的工作量为止，如果两年内都无法做到的话，就要解除聘用合同。那段日子我兜里常常只装着刚好够给孩子和自己在单位食堂买饭的钱，甚至有几次看着仅有二三十块钱，数着还剩十多天才发工资，每天不敢跟朋友带孩子出去玩，只敢在校园小广场、操场跑跑，还要注意远离一切小商店，那些钱一旦用了，吃饭的钱就没有了。谁又能想到，一个大学老师过着这么拮据的生活？还好，后来单位领导可能看到了我的“改过自新”，给我重新分配了工作任务，让我的收入得以恢复正常。

孩子的到来，像是一片温暖的阳光击穿了那房间原有的昏暗阴冷，也让整日浑浑噩噩、了无生气的我“活”了过来。每天规律作息、按时吃饭、努力工作，我拼命地想让自己活下去，让孩子活下去。就这样，我慢慢“活”过来了，开始了一名独立女性抚养者的生活。

当时其实很多人都不支持我自己带孩子，就连单位一位怀孕的领导也说“你没必要争这抚养权”，那时我觉得他们只是不理解“做一个不会抛弃和离开自己孩子的妈妈”是我的底线，而我也很难理解其他人的想法，“一位母亲怎么会主动离开自己的孩子?”。我努力工作，争取承担更多的任务，争取将每个任务都做到最好，因为我想成为一个不会被替代的员工。我学习自己能接触到的一切可以帮助自己搞好亲子关系、照顾好自己和孩子的知识，从健康管理师到家庭教育指导师，从琳·洛特的正面管教、鼓励咨询、社会情感学习，到海灵格的家庭系统排列，再到马歇尔的非暴力沟通，刚开始刺激着我不断学习和练习的，是孩子曾对我说过的一句气话：“要是妈妈死掉就好了，这样我就可以回爷爷奶奶家了。”我知道她当时真的很舍不得爷爷奶奶，很难过才说出了那样的话，听到那句话的我比起伤心，更多的是愧疚，因为离婚的事情不管我如何学习、练习，想尽办法避免伤害她，但避无可避地还是让小小的她经历了这番“颠沛流离”，也无数次地悔恨自己在她一岁多的时候因为外派工作离开了她，留她一人在奶奶家。

直到这么挣扎着过了两年，突然有一天，爸爸说：“得亏你当时带上了孩子，要不然你怕是都不知道要怎么过日子了。”我想了一会儿，确实，感谢我亲爱的孩子留在了我的身边，让我能够好好吃饭、好好工作和学着休息；感谢亲爱的自己，纵有风浪险阻，依然渴望活着，一次又一次地想办法“解救”自己；同时也感谢周围真正爱着我们、支持着我们的家人和朋友。

王翎菲

学霸必杀技：强化学习能力

国家二级心理咨询师

中医整合催眠高级讲师

学习能力训练师

教育不是注满一桶水，而是点燃一把火。

——叶芝

在教育的旅途中，我们常常面临这样的困惑：课程上了无数，金钱投入不菲，孩子也尽力配合，但成绩却始终不见起色；咨询了医生一次又一次，老师却依旧反馈孩子注意力难以集中；即便拥有了顶尖的教育资源，孩子也对学校生活提不起兴趣；我在教育的田野里耕耘了22个春秋，深刻体会到：真正的学习，不仅仅是头脑上的准备，更是身体上的准备。我们需要的不是简单的知识灌输，而是稳定孩子的情绪，激发孩子内在的学习动力，让他们拥有自主探索和学习的能力，因为只有在身心都准备就绪的情况下，学习之火才能真正被点燃。

01. 因为一次失去，从英语老师变成心灵的守护者

我的职业生涯起步于会计，一个与数字打交道的职业。但是，数字之外，我渴望我的生命能更有意义。大学毕业后，我的第一份工作是在本地一家知名的英语培训学校担任出纳。不久，我的创造力和热情被校长认可，我被提拔为校区主管。那时，我

的工资是1200元，对于2005年的我来说，还算不错。然而，我很快意识到，我想要的不仅是数字的增长，更是生命价值的提升。

生活的压力迫使我更加努力。由于我父母下岗，我不仅要自付学费，还要支持家里的开支。我被教务老师们的辛勤工作和相对较低的收入所触动，这激发了我内心的变化。我决心改变现状，开始自学英语，利用DVD听课、阅读语法书、背单词……最终，考取了英语教师资格证，第二年成为新东方的一名英语老师。

可我又是怎么成为心理咨询师的呢？先卖个关子。随着时间的推移，我与学生们建立了深厚的情感。他们亲切地称呼我为“姐姐”“小姨”甚至是“干妈”。我带领他们体验各种活动，从密室逃脱到露营，我们共同创造了无数美好的回忆。同时，孩子们的成绩也随着我们建立起更深厚的友谊而提升，许多孩子被保送至北大、清华等名校。然而，一次悲剧的发生让我重新审视自己的使命——一名学生选择了结束自己的生命。

我那么爱孩子们，当我听到这个消息的时候难过死了，眼泪夺眶而出，直接抑郁了。我把QQ头像换成了黑色，并把自己关起来……现在有时候我也会想，如果她活着也应该为人妻、为人母了吧。

一位名人说过：“教育的真正意义在于能够让人面对生活的挑战，而不仅仅是通过考试。”我想我可以教得很好，可是我救不了他们的命。如果我懂心理学，孩子或许会来我这说说心里话，不会选择走极端。于是我开始学习心理学，我希望通过努力，能够让孩子们不仅在学业上取得成功，更在心灵上健康成长。2013年我就参加了心理咨询的学习，并获得证书，同时也学了很多心理学相关技术，有的技术被列入全国非药物疗法，有的已经是专利技术，还有的是非遗项目……

我希望能用我所学，为孩子们的心灵搭建一座坚固的桥梁，让他们在风雨中依然能够坚强站立。

02. 情绪的力量：激发学习潜能

时间很快来到2014年，新的困惑又产生了。那时候我的生源依然很多，但是孩子们的学习动力明显不足，有很多孩子带着情绪来学习，有些孩子出现了厌学的情况，甚至有一个孩子直接和我说："老师你就随便讲点啥吧，反正我也不想学，我妈让我来的。"

我想探索根本原因，便耐心地和他们沟通，他们也坦诚地告诉我："老师我就是听不进去，一看见我们学校的英语老师就反感""老师，我也想好好学习，可是一看见单词我就想睡觉""我也学了，可是成绩总是上不来，久而久之就不想学了"……

当孩子们带着情绪学习时，肯定什么都学不会。当孩子们没有学习方法时候，肯定是屡战屡败的。于是为了更好地帮助我的孩子们，我再次开启了学习之路，替他们找寻处理情绪的方法，学习“学习”的技巧。

我在2014年就开始用这些方法带我的“大儿子”逆袭，一开始他初三的成绩是B层的（全班66人，34名以后就是B层）。经过一年的陪伴和引领，他一开始的成绩只能上三类高中，到中考的时候，成绩已超过我们当地排名第一的学校的录取分数线。那以后我就有信心去帮助孩子们了，同时研发的“五环”学习法，能帮助孩子们从根上明白学习到底是什么，要如何拥有属于自己的学习能力。

这里简单介绍下什么是五环，便于大家理解。

目标之环（Goal Setting）

定义：

明确学习目标，确保它们具有SMART特性（具体、可测量、可达成、相关、时限性）。

实施步骤：

根据孩子既往学习情况，确定孩子的长期和短期学习目标。

将大目标分解为小目标，并共同确定达成目标的时间。

定期检查目标进度，并根据实际情况进行调整。

时间之环（Time Management）

定义：

有效管理时间，确保学习计划的执行。

实施步骤：

结合目标之环，制定详细的日程安排，包括学习时间和休息时间。

提高时间利用率，达到1小时=3小时的效果。

效率之环（Efficiency）

定义：

提高学习效率，减少无效学习时间。

实施步骤：

识别自己的高效可控学习时间段，并在这些时段安排重要学习任务。

使用学习技巧，如番茄工作法、快速阅读法、高亮笔记法等。

定期评估学习效率，寻找适合自己的提高做题准确率的方法。

精力之环（Energy Management）

定义：

管理个人精力，保持学习动力和专注力。

实施步骤：

保证充足的睡眠，保持良好的饮食习惯。

合理安排作息时间，避免过度疲劳。

情绪之环（Emotional Management）

定义：

识别和管理学习过程中的情绪，保持积极的学习态度。

实施步骤：

认识自己的情绪反应，学会情绪调节技巧。

在遇到挑战时保持积极心态，避免消极情绪影响学习。

每个环节都是相互关联的，共同构成了一个完整的学习体系。通过这五个环节的协调运作，可以提高学习效率，取得更好的学习成果。在实施过程中，重要的是要个性化地调整每个环节，以适应每个孩子的独特需求和情况。

在教育的征途上，我们见证了无数孩子的成长与转变。从厌学到成绩飞跃，从抑郁到重拾对学习的热情，甚至有的孩子，努力学习3个月，中考成绩提高了174.5分。每个孩子都找到了适合自己的学习方法，这是他们成功的“根”。我们的任务是发现并培养每个孩子的天赋，而非简单地补课。

在现代教育中，需要的是能够自主学习、具有创新力和逆境商的人才。这些孩子能够克服困难，情绪稳定，独立完成任务。然而，许多孩子在外界压力下变得紧张、消极，这无疑影响了他们的学习效率。因此，我们引入了“情绪之环”，帮助孩子们先处理情绪，再高效学习。

目标之环也同样关键。许多孩子缺乏自我认知，目标设定不切实际，导致屡战屡败，自信心受损。有一个初二的女孩，来我这第一句就是：“老师，我是不是笨呀？我想让妈妈带我去做智商检查，她不同意。”我当时就笑了，但是心里却很是酸涩。测评后我发现，孩子就是不了解自己的能力、目标定得过高。我们通过调整目标、规划时间、处理情绪、找到合适的学习方法，帮助他们实现逆袭。这证明了，只有方法与孩子相匹配时，才能取得最佳成果。我们的目标是让每个孩子都能在适合自己的道路上，不断前进，直至成功。

03. 中医智慧在教学中的应用

在2020年，我，一个40多岁的探索者，再次踏上了求知的征程，这一次，依旧是为了孩子们。我曾涉足过催眠，也曾钻研国际情绪快速处理疗法，认知行为疗法等，但对情绪与身体之间的神秘联系，我始终怀有浓厚的兴趣。经过一番探索，我决定深入学习我们中华民族的瑰宝——中医。

无意中发现肖然老师的著作，我对其爱不释手，翻阅至书页磨损。在当代，越来越多的人开始意识到情绪不仅影响心灵，还能在身体上留下痕迹，如结节、板结、坑洼、条索，甚至转化为疾病。我有一个正处于初二的学生，某日无意间发现他的颈椎上有一个异常的肿块。面对这样的发现，我不禁担忧：这么年轻的孩子怎会有如此明显的颈椎病症状？我询问他是否经常感到头晕、思维迟钝、失眠或是颈部疼痛。当得到肯定的回答后，我决定将所学的知识付诸实践，结合催眠与轻柔的按摩手法进行治疗。

奇迹发生了，那个颈椎肿块在几次治疗后竟然逐渐缩小，直至消失。这一经历让我对中医深信不疑，也激发了我继续深造的决心。书本上的知识虽宝贵，但终究有限，于是我开始寻找中医传承人继续深入学习。

在深入学习中医和儿童健康的过程中，我发现了身体状态与学习表现之间惊人的联系。例如，腰部的板结或坑洼往往与孩子的注意力问题紧密相关，这可能导致他们多动、难以保持专注。而脾胃反射区不佳的孩子，不仅体形可能异常——或瘦弱或肥胖，还可能影响他们对新事物和知识的接受与理解能力。

这些发现让我深刻认识到，孩子的身体健康与学习能力之间存在着不可忽视的联系。如果你对探索孩子身体与学习之间的关系感兴趣，欢迎与我交流。让我们一起为孩子的全面发展寻找更全面、更深入的解决方案。

04. 爱与知识的传递

我的故事还在继续，从一个会计到新东方的老师，再到心理咨询师、学习能力训练师，以及中医技术的传承者。我和我的团队将一直在路上，致力于帮助更多的孩子。我们相信，通过爱和知识的力量，可以改变孩子们的未来。我们也希望更多的人加入我们，一起传播爱，传播知识，帮助每一个孩子实现他们的梦想。

婕琳

提升幸福感的三个重要秘籍

梦想清单讲师

倍速成长书写营主理人

帮助女性通过书写实现倍速成长

有时候我们明明拥有很多，却还是感觉到不快乐。是什么绑缚了我们呢？答案显而易见——我们头脑里的负面信念。

负面信念隐藏在我们的每一次言谈举止之中，以我们无法察觉的方式高频运作着，除非我们发现并改变信念，否则我们在生活中将难以体味到幸福。

01. 升级信念系统

我曾经历过生命巨大的黑暗时刻。健康、家庭关系、事业同步出现危机，无法好好与家人沟通，事业停滞，身体出现问题，心里的烦恼更是与日俱增。让我百思不得其解的是，自己明明有在很努力地生活，可为什么得到的却是如此糟糕的结果？

究竟是哪里出了岔子？

我尝试着与内心最深处的自己连接，想要明白究竟是什么在阻碍我过上理想的生活。于是我开始了一系列的书写练习，尝试着发现生命的缺口。

在一次书写练习时，有一句话清晰地浮现在我的脑海：你的父母都还在田间地头操劳，你有什么资格享受生活？我相信很多人也都听过这句话，并以此鞭策自己，而我就是其中之一。我常常会以这句话提醒自己，父母还那么辛苦，我必须更加努力。殊不知，就是这样的信念，让我的人生进入无尽的追逐之旅，让我急着追赶一个又一个目标，根本体味不到生活的真正滋味，也根本不敢停下来享受生活，从而使我与最真实的自己以及内心最深处的渴望失联了。

直到有一天，翻开奥南朵老师的一本书，书中有一段话点醒了我。这段话的大意是这样的：在我们出生的那一刻，我们便已经领受到了我们此生最珍贵的一份礼物，那就是我们的生命。这是我们的父母送给我们最珍贵的礼物，如果我们真的感谢父母，就应该尽情、绽放地活出自己，用我们的生命去创造一切美好，让它发挥最大的价值。

我几乎是在一瞬间完成了信念升级：**我此生的最重要的使命，就是全然地活出真实的自己，体验美好，创造美好，极致绽放。**

现在我想邀请大家静下心来感受一下这两句话。

①你的父母都还在田间地头操劳，你有什么资格享受生活？

②你此生最重要的使命，就是全然地活出真实的自己，体验美好，创造美好，极致绽放。

哪一句话让你感觉到更有力量呢？

第一句话，不可否认，它是有着一定的积极意义的。年少的我们会为了让父母过上更好的生活，而奋发努力，实现自己的人生目标。可从长远来看，它的消极意义也不可小觑，它会绑缚我们的双手，让我们像笼里的鸟儿一样，很多事情不敢去做，不敢真正地去享受自己的生命。

第二句话，它会带给一个人勇气，让一个人更有能量去体验生命，做真正喜欢的事情，体验一切美好，创造一切美好，让生命发挥最大的价值。这样的我们，充满活力，充满感染力，这样的生命状态反过来会真正滋养到父母，或许还可以带给他们力量。

这就是信念的影响力。

想想进入低谷时刻的我，就是因为抱持第一个信念，让我在无尽的追逐中耗尽了心力，虽然拥有了很多在世俗层面看起来的所谓“成功”要素，但其实整个人非常不开心，原因就在这里。

以这个发现为契机，我开启了负面信念探寻之旅。我找到了自己生命的很多个负面信念，并对它们进行了转化升级。由此，我感受到巨大的轻松，这是一种恢复生命本然面貌的喜悦。我也因此更加勇敢地追逐自己内心真正想要的生活，实现了很多让自己怦然心动的梦想清单。

在这个过程中，我更加意识到：每个人的生命原本都如同一颗纯净的钻石，散发着光芒。在生命的成长历程中，接触的各种人事，都在不断地为我们的心灵注入各种各样的信念，在这些信念中，有些是正向的，推动了我们的生命向前；有些是糟粕，阻碍了我们前进的脚步。痛苦就是源于错误的信念。如果不修正信念，痛苦将会以不同的形式在生活中轮番演绎。

所以，提升幸福感的第一个秘籍，便是升级信念系统，让积极正向的信念带领我们更加轻松地生活。

如果你常常感觉生活不顺，抑或常常感觉到心累，一种情况可能是你遇到了超级难过的坎，另一种更常见的情况是你的心已经经受不住负面信念一刻也不停的冲击了。在这种情况下，你就要停下来思考：阻止你活出绽放人生的信念又是什么呢？

想要拥有高段位的人生，需先匹配高段位的信念。

02. 找到怦然心动的人生愿景

升级信念系统以后，我开始一点点地触碰生活的边界，尝试着去做很多以前没有做过的事情，在一系列崭新的尝试下，同时在我非常尊敬的UP读书会创始人子木老师的引领下，我的心里也升起一个大的愿景：**在有生之年，我要向更多的人去传递美好，传递温暖，传递智慧，传递爱。**

于是我举办主题读书会，带领人们从书籍中汲取智慧，更加轻松地生活；举办书写特训营，带领人们通过书写去实现人生的倍速成长。

在这个过程中，我收到了特别多的好评，有人告诉我，她通过书写更爱自己的生活了，感觉到满满的幸福感；也有人说，她学会了更加智慧地处理生活中出现的矛盾；还有人说，她通过书写，清晰了自己的优势以及前进的方向。这些好评，是我通往愿景之路的正向反馈，激励我在这条路上继续走下去。而且，每每想起心中的愿景，我做事的动力就会满格，灵感与创意也总是会随时迸发出来。

追随愿景，我把生活过成了理想中的样子——拥有从容松弛的生活节奏，互相理解、包容的家庭关系，以及一颗自在喜悦的心，还带领更多人活出更美好的生命状态。

所以，提升幸福感的第二个秘籍，就是找到怦然心动的人生愿景。

一个人有清晰的人生愿景，便很难再随波逐流，而是会坚定地踏上自己认为值得为之付出的使命道路。

普通人如何找寻心中的愿景呢？方法就是极致地体验生命，通过阅读和学习不断扩展自己的视野，探寻更加理想的生命状态。当你明晰如何更好地使用自己的生命时，你的人生愿景便会自然显现。

03. 持续提升心力

著名的“跳水皇后”郭晶晶在一次演讲中，这样说道：“在最关键的时刻，我必须从自己的内心来获取力量。人生就是一个不稳定的10米跳台，要一次又一次地起跳，一次又一次地稳住自己，一次又一次地接受成败的考验。而我们要永远在不稳定的条件、不确定的命运和持续稳定的内心之间把握平衡。”

持续稳定的内心，是一个人可以给自己最高质量的爱，也是一个人幸福感的关键来源。

如何让自己的心更稳定、更有力量呢?

方法有二。其一，修心修德。

在我过往所读的所有书中，如果要推荐一本可以提升心力的书，我会首选《了凡四训》。这本书以简洁明了的文字，向人们展示了普通人通过修心修德以改变命运的故事。每每翻开这本书，我的内心总会获得巨大的力量，我会一次次地认识到：每个人的命运都牢牢地掌握在自己的手中。

在了凡先生的启发下，我也建立了自己的善事簿，开始在生活中一点点修正自己做得不好的地方，记录自己每日所做的善事。我发愿，3年做10000件善事。现在，我已做了1700多件善事了，这些善事使我化解了与家人之间的矛盾，心中增添了许多智慧，遇事知道如何更智慧地处理，更加松弛地生活，还影响很多人建立了自己人生的善事簿。

在这个过程中，我最大的改变是：心的内耗减少，变得更稳、更有能量了。

一个人的德行深厚了，心就定了，也就更有力量了。所以，修心修德，我觉得是我们每个人应该终其一生去做的事。

其二，慷慨利他。

在知识付费学习的过程中，我进过很多的社群，最让我难忘的一段经历是在读书变现盟友圈的经历。

种种机缘巧合，我在社群里分享过的主题有：“如何快速写出一篇优质分享稿”“如何写朋友圈招募文案”“如何让自己的海报更吸睛”“如何设计出受市场欢迎的课程产品”“课程招生不理想，如何破局”“如何践行极致利他”。

每一次分享完以后，我都会收到很多小伙伴发自内心的感谢，她们觉得这些分享真正帮助了她们。

以前在学习的过程中，我更多的是抱着“索取”的心态，总想着可以从社群中免费获得一些什么。后来，当我开始尝试着转变心态，尝试着尽自己的能力去“给予”时，我感受到了赋能别人所带来的心量扩展。

给出去，永远比索取更有力量。

这就是提升幸福感的第三个秘籍：持续提升心力。

对内，修心修德；对外，慷慨利他。

当你把注意力放在解决问题上，你会发现问题越来越多。你要将注意力放到提升心力上——当你的心力提升，当你的心不断升维，你会发现问题会自动消失。这就是生活的神奇之处。

升级信念系统，找到怦然心动的人生愿景，持续提升心力，做好这三件事可以让你在人生的旅途中品味到真正的幸福。

生命最美妙的地方就在于，你永远可以从此刻开始，重新创建自己的未来。所有的力量，只能作用于当下。这句话的额外含义是：不管过去曾经经历了何种不堪，不管未来要经历怎样的磨难，每个人都只能在当下下功夫。因为，只有在每一个此刻下功夫，才能夯实好生活的地基，才能创造出美好的生活。

此刻美好，生命便是美好的。

此刻幸福，生命便是幸福的。

吴小丹

做自己，保持坚定的信念和行动力

高绩效管理教练授证讲师与践行者

绩效改进师

资深培训

2010年离开海南，奔赴哈尔滨开始4年求学路。大学时光转眼即逝，2013年，我买了张火车站票，独自拖着行李来到东莞一家酒店实习培训文员一职。岁月如梭，一眨眼已在东莞闯荡10年，我从一个人变成一家人，拥有了该拥有的，也拥有了不想这么快拥有的30多岁。经历过一些事情后，我悟出了接纳所拥有的，做自己，保持“由内而外的坚定信念和行动力”，不管多少岁都能随心所欲。

01. “保持饥饿感”会遇上心流

干一行恋一行，我从服务行业的小白，跨行到知名万家连锁店的零售行业做区域培训负责人。由此我迎来了职业倦怠期，我感觉我的视野需要拓展，想看看不同行业对培训是如何定义和落地培训的。于是，我在2019年加入制造行业，成了别人眼里的“厂妹”。在万人外企厂，我感受到自己的渺小，每天上班都感觉掉在炸开的马蜂窝里面，放眼之处都是人群涌动。看着这么密集的人群，我感受到了责任之重大，很快我也迎来了压力，我的主要工作是每月面向几千名职员开展软技能的培训，作为曾经一周重复讲几门课程的我来说，前3个月已黔驴技穷，老底都掏出来了，接下来每月如何推陈出新是我要思考的问题，要对得起学员喊的“吴老师”称号。开源是要点，我开始追“直播”，复制当下最新的课程，或当下比较需要的管理类课程。经过几年不断学习，我摆脱了因人数不足10人而开不起班的尴尬，但现在的我又有了新的烦恼，因为每一个月发完报名海报不久，我都会被投诉。为了确保培训效果，报名人数上限不能超过35人，超过这个上限报名通道将自动关闭。

对学员来说是一次课程，对我来说是一次体验心流的时刻。在4年的时间里，我讲课超100多场，能讲授的课程范围从单一的办公软件技能类，扩充到通用类，如时间管理、高效沟通、执行力等。但我也开始思考，除了讲课，我还能做什么可以让热爱培训的我，能一直保有热爱，走得更远些。

02. 不忘初心的爱折腾不是瞎折腾

随着4年的心流时刻越来越多，我开始陷入迷茫中，脑中冒出了“走出去看看更大的世界”的想法。

在我外出学习“乘法领导者”两天的课程期间，这个声音越加强烈，我回到公司用一周的时间内化咨询公司的“乘法领导者”的课程，并且在次周进行内部交付。课程还没上完，我便收到曾经的前辈发来的截图，我讲课的照片被上课的学员发到了朋友圈，学员对这个课程很满意。学员、前同事和现领导都有正向反馈，我能在这么短的时间内化课程并达到“人课合一”确实出乎我的意料。

我承认讲课这件事情对于我而言是有使命感的。好好讲课，总有一个人因为你的课而改变。我想扩大这种使命感的影响力，就要多做人才培养的项目，于是我开始思考，同为培训，每一家公司对其下的定义都是不一样的，每一家公司的环境不一样对培训人提的要求也不一样，如果要多做人才培养项目就要走出去，于是我鼓起勇气做出艰难的决定，尝试接触新的培训环境。带着这份影响更多人的初心，我开启新的旅程，新旅程还在制造业的范畴，唯一不一样的是讲课者变成人才培养项目的资源支持和培养方案的策划者。

在新旅程中，我看到从上到下的学习型组织的打造，我坚信我的选择并用我的优势去助推人才培养项目。在做周期为半年或一年的人才培养项目中，我遇到了挑战：怎么才能学以致用？我开始了新的思考，就是我如何让学习转化率提升，让人才培养项目有效落地，让培训实现从有效到有用的蜕变？课程只能解决课堂的问题，回到工作场景之后如何催化落地呢？要达到有效且被认可，我又进入另外一个学习技术的破解中，因为曾经看过的一本书讲过这么一句话：“拥有好奇心是顶级的成长。”于是，我在迷茫焦虑中找到了新的突破口，开始卷自己的培训技术，例如学习地图、行动学习技术，经过探索我找到了工作当中遇到问题的答案，爱折腾是对未知自己的探索，也是一次次新体验，让我在新的环境快速适应了下来，不忘初心的爱折腾不是白折腾。

03. 做既要又要的成年小孩，工作和生活并驾齐驱

我虽不是真正意义上的老师，但是骨子里总想影响更多人，拥有育人情怀，在工作上总喜欢挑战自己。突然有一天，娃对我奶声奶气地说："妈妈，您能多关注下我不?"小朋友很随意的一句话让我意识到，时间如白驹过隙，小朋友已长到我肚脐的位置了。在外企的时候，我给予他的陪伴是足够的，自从经历两次跳槽之后，我发现我的精力很少放在他身上。他的一句话惊醒了内卷的我，我总在追课学东西，忽略了他。于是，我在卷自己的同时增加了一条卷娃线，我给自己的期待是，当我40岁时，我依然沉浸在最喜欢并且有价值感的工作中，家庭幸福美满，娃也在自己感兴趣的学习上开心地成长。我开始思考怎么把我过往的知识与育儿相融合。

功夫不负有心人，我把我感兴趣的教练技术与正面管教做了融合，刚开始我没看到成效，但是随着小朋友上小学，我发现效果慢慢显现了出来。小朋友的做事思路和我们的相处方式，有了从我要他做，到他自己要做的改变，我对他的影响是潜移默化的，他在遇到问题的时候，我都不会直接给他答案，而是通过有架构的问题引发他思考。经过一次次思考，我发现他越来越自信了，也越来越独立了，我们的亲子关系也发生了变化，从依赖型变成独立型，我越

来越感受到具有教练思维的管教方式所带来的成就感和力量感。由于我在民企会总加班，但是也不影响我们建立亲子的信任关系，正是这种独特的教练式育儿沟通方式，我把自己解放出来，也把小朋友的潜力激发出来了。养育是一场双向奔赴的修行，我滋养了他，他也滋养了我。曾经听过这么一句话："后半生的成就来自新生代。"思维的改变让我感受到有效对话的关键性。有一次学校邀请我去分享我的育儿经验，刚开始我很忐忑，因为这是我第一次当妈，没有太多的经验，但是又想着给小孩做榜样，我硬着头皮答应了。我开始了自我对话："这是一堂课，你是被邀请去上课，别想太多，按照你往常的节奏来就好了。"通过自我心理建设，我从忐忑到从容，我开始用KISS模式复盘我的育儿经验，用实践的教练式育儿的沟通方式做课件，我用了一周多的时间来开发课件。

功夫不负有心人，知识储备得足加上实践较为夯实，我很快开发并打磨好了课程，我围绕"教练式对话让小人变大人"这样的主题开展，课程内容主要围绕三个维度，"小人变大人——为什么要激发他的潜能""思维切换器——什么是有效的激发对话""沟通方程式——我觉得比你觉得更有力"。通过三个维度的内容整合和教学设计，分享从两小时变三小时。课后，好多家长反馈：如果可以，能不能再分享一天？因为还没听够。收到这样的反馈，我开心地对儿子比了"耶"。通过几次这样的非工作场合的义务分享，我感受到更多的价值感和心流时刻，越发让我坚定我的发心：做既要又要的成年小孩，工作和生活并驾齐驱。

宅宅

多一个支点，撬动自由人生

创意和文化产业管理硕士

长期主义体验派践行者

梦想拥有一家可以记录不同生命故事的甜点店

著名心理学家卡尔·荣格说：“每个人都有两次生命，第一次是活给别人看的，第二次是活给自己的，第二次生命常常从四十岁开始。真正的人生从四十岁才刚刚开始。在那之前，你只是在做调研而已。”然而，在当下的社会时钟里，人一到35岁仿佛便陷入“中年危机”，30岁的我也会被这种声音影响。这个时候，我选择多一个支点，撬动不一样的人生。

01. 循规蹈矩的小孩

“乖巧、懂事、听话”，在我还是一个小女孩时，经常会听到叔叔阿姨们用这些词语来形容我。学生时期的我每天重复着从家到学校两点一线的生活。从小学的书声琅琅到高中的题海战术，我的生活如同一部被精心编排的剧本，每一个章节都遵循着既定的规则与期望。升学、工作、结婚、生子，仿佛人生的每一步都应该按部就班地发生着。家人眼中的乖孩子，老师眼中的好学生，他人羡慕的一帆风顺……但我却觉得自己好像一个不会开心的小孩，仿佛是那条笔直道路上最不起眼的石子，虽然平稳，却也失去了棱角与色彩。

老师和父母总是说：“好好读书，将来才能有出息。”于是，我埋头于书本，试图在知识的海洋中寻找自己的方向。每天清晨，我背着沉重的书包，穿过熙熙攘攘的街道，走进那座充满书卷气的校园。课堂上，我认真听讲，努力吸收每一个知识点。放学后，我独自坐在书桌前，完成作业，复习功课。这样的生活，日复一日，年复一年。然而，在这看似充实的学习生活中，我的内心却时常感到迷茫，感觉我的生命力在一道道习题、一次次演算中渐渐流失。

那时的我渴望能够表达自己，渴望能够探索未知的世界。我内心有一个声音：我想学画画，我想用色彩和线条描绘出我心中的世界。但是，每当我提起画笔，父母总是摇头："画画会耽误学业，还是专心读书吧。"那时的我虽然不开心，但是不敢违背父母的意愿。于是，我开始尝试通过写日记记录下自己的感受和想法。

在日记中，我可以自由地表达自己，不被困于现实客观条件。关于未来生活的畅想、生活中的琐碎、内心的波澜……日记成了我心灵的避风港，也是我自我意识觉醒的见证，让我的世界多了一个支点。清晨的阳光洒在窗前，晚餐桌上的家庭欢笑，这些看似平凡却又无比珍贵的瞬间定格成文字，成为我人生旅程中的宝贵财富。我找到了一个支点，支撑着我走过每一个充实而有意义的日子。

02. 立即执行的“冒险家”

想，永远无解；做，才能破局。我试图与这个世界多建立一些连接，于是大学时我选择了一个冷门专业——农村区域发展。我的许多朋友不解，为什么从小在沿海城市长大的我会有这样的选择。我想，这或许能为我打开一扇通往新世界的大门，帮助我更加全面而立体地认识到我所生活的世界是什么样子的，去看看那些与生活的地方不同的风土人情。大学的校园生活带我领略了知识的广阔天地，体验了丰富多彩的文化活动，结识了来自五湖四海的朋友，更在挑战与机遇中学会了成长与蜕变。这段时光无疑是我人生中最宝贵的财富。然而，我的内心仍然渴望更多的自由和探索。于是，我做出了一个大胆的决定——出国留学。

在留学前，我决定放慢脚步，给自己一个“间隔年”，去体验不同的生活，去探索人生更多的可能性。那时的我正站在人生十字路口做选择，有过片刻的困顿和犹豫，每当心情低落时，我总会被甜甜的小蛋糕吸引。这点燃了我学习甜点烘焙的想法，我开始憧憬着自己也能制作出那些令人赏心悦目的甜品。我希望这不仅仅是一种爱好，也能成为我的一个新支点，我决定踏上专业的学习之路。在众多烘焙学府中，蓝带国际厨艺学院以其卓越的声誉和精湛的教学吸引了我的目光。我深知这是一条充满挑战的道路，但我已准备好申请，期待着在蓝带开启我的甜点烘焙之旅，探索这个全新领域。从脑海中迸发出这个想法，到拿到蓝带国际厨艺学院的录取通知书踏上旅程，仅用了一个月时间。

这是我第一次离开熟悉的环境，一个人去一个完全陌生的地方生活。我记得第一次踏上飞往英国的飞机时，心中既有期待，也有不安。当我到达英国，面对着陌生的街道和人群，我知道，我即将开始一段全新的旅程。在英国的日子并不像我想象中的那么甜蜜。我需要自己解决生活中的各种问题，需要适应新的文化和环境。但是，这段经历让我变得更加坚强，也让我更加自信。在英国，我结识了许多来自世界各地的朋友。我们一起分享生活，一起探索世界。这些经历让我意识到，世界远比我想象的要大得多，而我也可以成为这个世界的一部分。

在学习过程中，我制作了一系列的甜点，并把它们拍摄下来，制作成一个精美的作品集。这个作品集不仅记录了我的学习成果，也展示了我的创意和风格。当我完成这个作品集时，我感到非常满足和自豪，它见证了我在甜点制作上的成长和进步。同时，我也记录下甜点食谱、制作技巧和心得体会。这份资料在我之后的求职道路上成为重要的参考资料。这些难忘的经历和成就，让我在英国的学习生活变得丰富多彩。它们不仅让我在甜点制作上取得了进步，也让我更加自信和坚定地追求自己的梦想。这段经历，无疑将成为我人生中宝贵的财富，也为我之后的工作打下了基础。

03. 寻找支点的“探索者”

当我的甜品学习旅程结束后，我继续返回校园深造。被朋友们称为“烘焙达人”的我收获了一个好人缘，它成了社交硬通货，让我结交了许多新朋友。让我感到意外的是，我还遇到了想要给我投资开甜品店的合伙人。毕业后，我凭借之前的甜点笔记和旅行游记进入了一家互联网旅游创业公司，正式开启文案创作之路。5年来，从创业公司到上市公司，再到体制内，我接触到了各种各样的项目，包括美食旅游、地产、电子通信、公益慈善等。我曾通过一篇公众号推送，帮助一家房地产公司的经纪人在短短3天内成交了一套房，而实际上，房产买卖的平均成交周期在一年左右。这让我意识到，文案不仅仅是文字的堆砌，它还有着改变世界的力量。

由于工作的原因，我时常需要采访形形色色的人。在采访的过程中，我不断地与世界碰撞，走进别人的生命中，了解别人的故事。从大山里留守儿童的梦想故事，到扎根在一线乡村教师的心路历程；从创业公司老板的生意经，到上市公司高层的处世哲学，100余段生命故事让我更加深刻地理解了生活。我始终保持着终身学习的态度，不断地充实自己，提升自己。我希望未来能够从事回忆录的副业，记录更多人的生命故事，让更多的人能够通过我的文字，留下属于他们自己的故事。

如今，我已经不再迷茫。我找到了自己的支点，找到了撬动自由人生的力量。我知道，只要愿意，我就可以不断地探索，不断地尝试，不断地成长。当我开始用自己的方式，去感受这个世界，去理解这个世界时，我发现可以多给自己找到撬动自由人生的支点。我希望通过我的文字，记录下我的生活，记录下我的感受，记录下我的故事，去触动人心，启发人们思考，传递给人们正向的力量。

我相信，只要我坚持自己的梦想，坚持自己的追求，我就能够撬动自由的人生，创造出属于自己的精彩。

这就是我的故事，一个关于支点、关于自由、关于探索的故事。

文阿布

只要开局，就是赢

专业文案

叶小鱼老师文案营优秀学员

方烟雨文案团队内容官

为多个行业的龙头企业、知识IP、品牌创始人提供文案策划和内容支持

人到中年，你是否觉得压力山大，生活处处是难题，渴望找到新的出路？你是否陷入没完没了的琐事之中，倍感窒息？没背景，没人脉，你是否发现自己已被岁月磨平了棱角，在不断妥协中，又祈求获得一丝破茧成蝶的力量？正是这些痛与难，让我开始意识到，每一个微小的开始，都是对抗平庸、追寻自我的第一步。而我所有的改变，都始于一次勇敢的“开始”，它成为我生命中至关重要的转折点。

01. 因痛而开始

我在体制内工作，生活如同被设定好的程序，日复一日，年复一年。这是一份外人眼中的稳定工作，我享受着这份稳定，也尽职尽责完成每一项任务。怀大宝时，我坚持工作到生产的前一刻，怀二宝我同样打算工作到预产期那天。但是，命运却总是不爱按照你的计划出牌。怀孕八个月，干活最多的我，却因为别人的失误成为“背锅侠”。从最初的莫名其妙，到脊背发凉，再到气得浑身发抖，心情一路跌到谷底。会上“还年年优秀”的嘲讽声特别刺耳，那一刻，我觉得自己的自尊和骄傲碎了一地。

作为从小就循规蹈矩的乖乖女，做得最叛逆的事情也仅仅是提前一个月休产假。休假后，我收入骤降，而且一个习惯忙碌的人，突然无所事事起来。更可怕的是，我有了太多时间去胡思乱想，深陷在自我怀疑和自我否定之中，感觉自己失败的人生就像一艘迷途的船，根本找不到自己的人生价值和方向。

人往往因为痛而想要去改变。偶然间刷到了叶小鱼老师“一字千金”的故事。在我的观念里，文字是不赚钱的，“一字千金”，怎么可能？但是这个故事让我感动，为我打开了一个新世界。一个普通人，就算没钱没背景也可以有更多可能，成就自己的人生价值。我对文案写作产生了浓厚的兴趣，很想学习一个新的技能，改变颓废的状态。

但是摆在面前的最大问题就是，我准备要生娃了。怎么办？反复犹豫后，我对自己说，你不是想要改变吗？那就从这里开始吧。9月生完孩子，10月文案营开营，我还在月子当中，就开启了一手奶娃，一手做笔记的学习模式。当你全身心投入去做一件事情的时候，是不会觉得累的。那时我经常学到凌晨一点钟，上课之余，还手绘了思维导图、GPS目标、4P文案大纲，像工作制度一样上墙。课程结束时，我拿到了全班积分第一，还被老师邀请去做分享。这些对于正处于人生迷茫阶段的我来说，不仅仅是肯定，更是激励。

扎扎实实地学习，变现变得水到渠成，很快我变现了两篇文案，并因此进入一位师姐——方烟雨老师创立的文案工作室，有了稳定的单源。从此我爱上了付费学习，爱上了写作，从公众号文案，到销售信，到品牌故事，再到文案策划，各种类型的长文案我都找老师付费学了个遍，和文案相关联的延展课程也学了不少。当然，我也通过文案实现了稳定变现，七倍、八倍挣回了当初的学费。现在的我，除了感谢小鱼老师、师姐等我人生中的贵人，也感谢那时愿意“开始”的自己。

不过就算变现成功，一开始我仍然只是一只“菜鸟”，经历了漫长而痛苦的“新手期”。

02. 熬过“新手期”

文案需求很多，不用愁没有单接，关键是能不能接住。当我想把文案写作当作副业去发展时，却发现优秀的小伙伴太多了，不乏科班出身的高手，像我这种初出茅庐的“菜鸟”，实战机会很少。所以，每一次实战机会对我而言都很宝贵，只要有需求，我都会去接，并且全力以赴。但是现实总是残酷的，很长一段时间竞稿，让我真切地感受到了鸿沟般的差距，自己好像怎么都比不过人家，有时候甚至是在文案框架阶段就被淘汰掉。即使再怎么做心理建设，几次竞稿失败，加上外在的压力，我的心态也差点崩了。

有一次，甲方的点评很不客气，让我感觉既愧疚又生气，愧疚于辜负了对方的信任，愤怒于自己的能力不足，这之后差不多两个月，我都像个“缩头乌龟”一样不敢接单。但是后来回过头来看，我由衷感激那些真实的反馈，尽管当时很难受，却让我明确地知道自己的问题在哪里，极大磨炼了我的心智与抗压能力，加速了我的成长，还让我开拓了新的业务。

两个月后，团队开始承接品牌故事，问我要不要参加，我觉得自己放弃这个机会很可惜，难道真的不写了吗？我说服自己：一次失败不代表什么，去，重新开始！明确需求、梳理资料、拟采访提纲、打框架、初稿、二稿、三稿、定稿、图文排版……一整套流程下来，边实战边提升，还能从知识IP老师身上学习到很多东西。这次重新开始，让我开启了新的业务——品牌故事。此后，我为很多知识IP写品牌故事，反响很好，有位老师还找我合作了三次。

从那之后，我开始努力把每一次接单都当作一个新的起点，先开始，再提高。感觉自己能力不够时，就去学习。周而复始，能力在实践中有了质的提升，获得了很多正向的反馈。记得有一次，甲方反馈说，我写的企业品牌故事，所有合伙人都很满意，很喜欢；还有一次，对方反馈，边看边泪流满面。那一刻我心里充满了成就感，觉得自己通过写作为很多人提供了价值。后来我的业务范围不断拓展，我不但能单独承接品牌故事、文案策划等高价单，同时还打理着一家行业龙头企业的公众号项目，平均阅读量比之前翻了两三倍。

而且写作的能力是相通的，还深深影响到我的工作与生活。我重新回到本职工作岗位后，帮领导写大材料，在各种大会小会上被领导表扬；曾负责课题研究，在3天内完成了近万字的论文，并获得市厅级优秀论文奖；同时还有论文发表在中文核心期刊上。这份能力的蜕变，让我吸引了更多高价订单，有朋友知道我能写，给我开出了3000元的客单价，我终于小小体验了一把“一字千金”的成就感。

经历了初期的挣扎与自我怀疑后，我逐渐意识到，每一个高手都是从“菜鸟”阶段起步，关键在于是否能够坚持下来，不断磨砺自己。我从小白走来，没有任何优势，走到现在，只能说比大多数人“能熬”。在一次团队内训时，我做过一个小小的调研，震惊地发现，90%的人熬不过新手期，其中不乏让我觉得充满灵性的小伙伴。“能熬”让我超越了90%以上的同期学友，没有什么捷径，只是一直开始，一直写。知道和做到，其实就差一个“开始”，熬过新手期，你就是百里挑一的人！

新手期难熬，但新手挑战其实只是冰山一角，真正的难关在于如何破圈。

03. 找到对的圈子

当我想要改变时，让我意外的是，最大的障碍并非来自外部的竞争，也不是能力的不足，而是那些以“关心”之名，试图将我拉回“正常生活”轨道的“身边人”。那段日子，我沉浸在学习中，就像疯魔一样，白天写，晚上写，但是身边的亲友却完全不能理解。

当我熬夜赶稿时，有人在一旁说“一天到晚躲在房间里，什么也不管”“整天不务正业”，让我压力倍增；当我获得收获，在朋友圈分享喜悦时，却有人在评论区泼冷水说“那就是割韭菜”“你那么闲，就回来上班呀”，这些话无数次让我的心态破防。这些声音就像锋利的刀片，差点动摇我的决心。记得有一次，因为写文案，我先生交代的事情我没有做，为此他冲我发了很大的脾气，甚至要砸了我的电脑。晚上我躲在被子里，拽着被角默默流泪，被子角干了又湿，脑子里无数次冒出着想要放弃的念头。

好在，因为文案，我结识了不少同频的小伙伴，相互鼓励，相互学习。后来我干脆重新练了一个“文案专属”微信号，“团结可以团结的人，屏蔽掉质疑我的人”。我的先生不能屏蔽，于是我采取了拉拢策略。每完成一篇作品，我会向他请教，领到稿费也会跟他分享。一开始我先生只回一个“嗯”字，可是慢慢地，他不再反对我写作，我写稿的时候，他还会主动带娃。有一天我说笔记本显示屏字太小，他第二天就帮我换了个超大的显示器，给了我一个大大的惊喜。更让我意外的是，我先生认可了我的能力，引荐我为政府做编书的项目。一开始他带着我写，后来他完全放手让我写，因为三分之一的内容都出自我手，主编直接把我的名字放在了副主编一栏里。

写作带给我的改变是全方位的，它带给我的收获远超物质回报的范畴，是一种精神的富足，让我价值感拉满。一路走来，我逐渐领悟到，真正的胜利，不在于终点的辉煌，而在于启程那一刻的勇气与决心。很多时候，不是说非要拿到结果才是胜利，只要你开始行动，你就赢了。

在人生的长河中，每个人都是自己故事的作者。我的故事，始于一次痛苦的觉醒，成长于不懈的努力，最终绽放于对写作的热爱与坚持。所以不必等待万事俱备，只要开局就是赢。如果你脑海里有什么想法，或者想要做什么事情，赶紧开始，也欢迎你和我连接，我们一起开始。

谭仔Tanzai

花有花期，人也有自己的花期

幕墙设计 | 歌手

养生花果茶主理人

《我的人生选择》播客主理人

前段时间看到一位网友写下这些文字：

“在快节奏的现代生活中，我们时常被焦虑所困扰，担心自己是否跟得上时代的步伐，是否达到了社会的期望。但让我们稍作停留，静下心来思考一个问题：每个人的花期真的都是一样的吗？有些人可能早早地就在某个领域展现出了非凡的才华，如同早春的樱花，迫不及待地迎接春天的到来。而有些人则可能需要经历更多的磨砺和等待，如同深秋的菊花，在寒霜中更显坚韧和美丽。”我不禁陷入沉思，或许我就是那深秋的菊花吧。

01. 人最应该跟自己比

我来自广东东莞的一个传统家庭，爸爸重男轻女，我就想证明“谁说女子不如男”，于是妈妈的要求我都尽力去做，渐渐成为那个“听话的孩子”，也经常被拿去跟“别人家的孩子”进行比较。

小学二年级的时候，我妈用麦当劳来诱惑我让我学会游泳，并且给我报名参加了学校的游泳队，每天不辞辛苦地接送我去训练，也许正是有了我妈的这份毅力和坚持，我在五年级之后，就经常拿前三，很多人都羡慕我有特长，甚至中考也因为拿到全省前八的奖状而免考体育，再后来大学时期参加广东省大学生游泳锦标赛，取得女子甲组蝶泳100米第一名、50米第三名的好成绩，成绩甚至达到了国家二级运动员的水准，我拥有了人生当中的一个高光时刻，也活成了“别人家的孩子”。

人总喜欢和别人作比较，人性如此。人都羡慕自己没有但别人拥有的东西，就像别人羡慕我游泳很厉害，而我也会羡慕他们的文化课不费吹灰之力就能拿到很高的分数；别人羡慕我单身自由，而我也会羡慕别人拥有甜甜的恋爱……其实，焦虑往往源于比较，我们习惯于用社会的标尺来衡量自己的价值，却忽略了每个人都是独一无二的个体。也许正是因为我柔韧性好，才比一般人更容易掌握蝶泳这个公认最难的泳姿；也许正是因为我又瘦又小，当我取得不可思议的成绩的时候才更被大家认可和羡慕。如果我一直与比我强壮的人比其他泳姿，那无疑是比不过的，那是别人的长处，不是我的。互相攀比除了平添焦虑外毫无意义，事实上，人最应该跟自己比！每个人都有属于自己的人生蓝图。

02. 叛逆的人生也是自己的人生

都说没有叛逆过的孩子迟早有一天会叛逆，就像我！而唱歌就是我“叛逆”的开始，因为好像只有唱歌，我妈管不了我，不会逮着我练习什么的。我记得高中的时候有时把自己关在房间里为了录好一首歌废寝忘食，我妈也不怎么管我，毕竟她也不懂，而我也就可以小小地“叛逆”一下，想唱就唱，不想唱就不唱，也体会到了自由的感觉。

上大学选专业，学校和专业都是家里人选的，你问我后悔吗？说不后悔是假的，毕竟自己的人生就应该自己做主，因此上了大学之后，我那颗“叛逆的心”开始蠢蠢欲动。我想要改变自己，于是我参加各种社团，想让自己从I（内向型）人变成E（外向型）人；也参加各种唱歌的比赛去锻炼自己，渐渐从默默无闻的小选手变成现在拿了很多奖牌证书、拥有自己的乐队的歌手。很多同学朋友都称我是“被土木耽误的歌手”，甚至爸妈都为我高兴，也很支持我，突然觉得那小小的“叛逆”也很值得!

大学毕业后工作了一年多，小时候的那种被掌控的感觉又来了，觉得在家里待着实在太窒息了，回家晚了要被查户口；不想吃饭也硬要吃完，不能浪费；周末想睡个懒觉也要被说……我开始有了逃离的心理，真正的叛逆才开始。我看手上还有一点点积蓄，决定瞒着爸妈自己出来租房子住，租了我最喜欢的复式。我也不断付费学习来提升自己，但工资毕竟有限，于是也就有了负债。这些年的知识付费是学到东西了，但似乎没有给我带来什么副业收入，有时候负债的压力让自己喘不过气来，又遇到公司要倒闭，发不出工资，我每天都在焦虑那些债务该怎么偿还，但是好在老天爷给我的运气尚在，我每次都可以平安度过，不至于逾期被催债，而这一切我从来都没有跟我爸妈讲过。你问我后悔吗？我的回答是，我从来不后悔当初选择自己出来住，因为那是我真正想要为自己的人生做主的第一个举动，叛逆的人生也是我自己的人生！

03. 人生有各种各样的可能

自己出来住的这些年，野心很大，就一个想法，想赚钱！毕竟这世上90%的问题都能用钱来解决。但是现实很骨感，本职工作工资太低，我就一直琢磨着看能不能转行，但转行就意味着重新开始。我深知我的实力配不上我的野心，于是不断提升自我，知识付费学习了很多课程，比如播音主持、配音、有声书、播客、自学力、搜索力、社群运营、文案、短视频、平面设计、PPT制作、理财、电商……每天都在解锁新技能。

在这期间，我开过淘宝店，用下班时间帮别人画头像；做过闲鱼的无货源电商；做过知识付费的社群运营、助班等；当过驻唱歌手、demo歌手；接过商演；做过网易云音乐的图文达人；做过抖音的中视频计划、特效师；做过PPT模板制作师；做过养生花果茶的主理人；做过有声书录制，也有自己的播客节目《我的人生选择》；考了三级心理咨询师证和健康管理师证……虽然很多都以半途而废暂告一段落，但这些都给我的人生带来了更多的可能性。

后来才发现，人太容易高估一年的价值，太容易低估五年、十年的价值。我曾经幻想自己学习几个月甚至一年后会大有出息，但学完后才发现，好像才刚入门，而且学习之后不实践，一切都是扯淡。看到跟我一起学习的同学一直在坚持，并且越做越好，也是由衷羡慕。也许有人会说，你这不就是妥妥的韭菜嘛！我不否认我是根韭菜，但也心甘情愿当这根韭菜，因为真的学到了很多。只要能学到东西，无论是什么，都是有价值的，我们走过的所有路都是有价值的。事实上，也正因为有了这些经历，在痛苦中成长，我才慢慢变得更加果断，做事情效率更高，判断力也更强，知道什么东西适合自己，也看到了我人生当中更多的可能性，只要有从头再来的勇气和终身成长的心，我可以做任何我想做的事情并养活自己！

04. 未来一路生花

经历了这么多，我现在也开始沉下心来慢慢打磨自己，明确自己想成为什么样的人，而其他所有的经历和学习，都是我的养分，为目标而奋斗。

工作之余，我开始做我以前不喜欢的事情——直播，刚好有一个契机，认识了一个做电台直播的老师，刚好我本身也很喜欢电台，我就打算锻炼锻炼自己，培养自己的口才和应变能力。同时在自己的努力争取下，得到了一位有声书老师的赏识，她推荐我去一个剧组，并且通过试音，成为有声书《京城那位集万千宠爱于一身的王妃》里的旁白角色，应该等录制完成就能够上架了，到时候会上架到喜马拉雅上，搜索“光芒声音工作室”，找到旗下的书籍就可以收听了。我也打算继续更新我的播客节目《我的人生选择》，把我的所见所闻和生活中遇到的选择题都放上去。

虽然现在一天打三份工，但也没有我那每天朝九晚六带双休、每天闲得发慌的朋友的收入高，但是我知道，我正在属于我自己的道路上慢慢前进，正如当初上初一时谁也没想到瘦弱矮小的我竟然能拿下校运会800米的冠军、用最难的泳姿拿下游泳比赛第一名一样，属于我的光芒，还在路上，我就是那朵深秋的菊花。

杨绛先生说：“花有花期，人有时运，要努力，但别着急，繁花似锦，硕果累累都需要过程。”每个人都有自己的成长节奏和时机，不应该因为与他人的比较而感到焦虑。重要的是要认识到自己的价值，保持耐心，并且努力追求自己的目标。

我相信我可以，相信你也可以！未来一定会一路生花！

当然了，以上这些也并非我所有的故事，我身上还有很多东西等待大家挖掘。

别人的故事、别人的生活都只是借鉴，没有人能替你活，只有你自己！

希望大家都能寻找到适合自己的人生道路，追求自己想要的东西和答案，过上属于自己的生活，大家一起加油吧！

渔子清

从手工到 AI 与文案，竟开启意想不到的人生逆袭

视觉传达设计师

中国非遗手艺大师的弟子

她力量 · 流量商学院导师

国内头部AI付费社群优秀会员

小红书100余万阅读量内容创作者

你有没有过这样的经历？满心期待着一件事，命运却突然将你推向另一个方向，让你措手不及却又充满好奇地踏上一条从未想过的道路。我就有这样的经历，曾对手工爱得深沉，梦想着在手工的世界里大展身手，可接下来发生的一切，就像一场充满未知的冒险，彻底改变了我的人生轨迹。

01. 梦想的偏离，困境丛生

从小，我对手工就有着一种近乎痴迷的喜爱，脑海里总是憧憬着大学能选个与手工相关的专业，在手工的世界里尽情挥洒自己的创意。然而，命运似乎总爱和人开玩笑，我被视觉传达设计专业录取了，这一读就是5年。

当我真正踏入设计相关工作的时候，我才发现这并不是我内心真正渴望的生活，我向往自由，渴望做自己真正热爱的事情。工作一段时间之后，赶上了新冠疫情，便辞职从零开启了我的自由手艺人之路，运营了小红书账号。

然而这一路是那么坎坷曲折，我没有互联网运营、内容创作的经验，只有一些拍照技巧和设计做图的经验，那怎么办？难道我就这么放弃吗？不行，我得学起来。于是，我在小红书上翻看一些手工账号的内容，发现有些账号只要照片拍得好看，写的教程详细，就有很多粉丝喜欢。我便模仿着去做，在小红书发布了我的第一篇手工教程，没想到数据还不错，这给了我极大的信心。

我开始每天埋头于手工制作，拍摄作品、修图、排版、写制作教程等，每个环节都倾注了我大量的心血。一篇教程笔记常常需要花费好几天的时间，说实话，这个过程并不轻松。有时候没灵感，甚至要花好几个星期才能艰难地发一篇，流量也是忽高忽低，这让我焦虑不已。

意识到这样下去肯定不行，我便在小红书上疯狂搜索教程，学习怎么搞流量，怎么变现，摸清了手工行业的变现路径。在这个过程中，遇到了一些志同道合的朋友，通过交流经验，最后拿到了一些结果，但是我面临的卡点始终没有解决，就是灵感会枯竭，效率跟不上。

当我寻找解决办法的时候，遇到了一位带我参与小红书培训项目的良师益友，她不仅打开了我的商业认知，还帮我调整了创作内容的方向。原本十天半个月都做不出一条小红书内容，用了她的方法之后，我不仅能快速制作内容，还成功转换赛道，运营了新的小红书账号，而且笔记数据都不错。

更重要的是，我了解到私域运营的重要性，开始学习朋友圈文案。这个过程中我意识到，有时候，我们需要跳出自己的舒适圈，去尝试新的东西。正如史蒂夫·乔布斯所说：“你无法预先把点点滴滴串联起来；只有回顾过去时，你才会发现它们之间的联系。”

02. AI带来转机，逆袭而上

然而，每天要运营多个小红书账号、朋友圈，还要与客户沟通、作图、写文案等，精力特别分散且费时。而且，个人的时间、精力有限，要是能有什么办法提高工作效率就更好了。后来，AI的出现，让我看到了新的希望，它不仅能写内容，还能生成图片。

2024年2月28日，在朋友的介绍下，我加入了国内头部AI付费社群，仿佛打开了新世界的大门，发现AI有如此多的变现渠道，能够为各行业提高工作效率。而且，社群每次都会举办很多AI相关的行动营活动，每个我都想尝试一下，但朋友建议我先专注于一个领域，深入学习，这样才能更好地吸收老师讲的知识点。

我了解到，要想熟练运用AI来为我们干活，就必须得学会写AI提示词。于是，我报名参加了第一期AI提示词行动营，从零开始学AI，在此期间，我使用AI辅助了解行业相关信息，成功帮助学员从0到1运营小红书账号，实现了4位数的变现。这让我看到了AI的巨大潜力，也坚定了我继续探索的决心。

随后，我又了解到，在社群当志愿者的相关信息，不仅可以锻炼自己各方面的能力，还能获得相应的奖励。在行动营学习期间，我给自己定下了目标，第二期一定要参加志愿者活动。这个决定，让我的人生发生了意想不到的转变。

学习结束后，经过一段时间的等待，终于迎来了志愿者活动报名的信息。因为我对小红书的玩法比较了解，所以报名成为小红书AIP实战行动营的志愿者。说实话，我是第一次报名，心里真没底。没想到，我真的被选中了，简直太开心啦！

说出来你可能不信，原本我只是一个默默无闻的萌新小白，抱着试试的心态参加社群的活动，未承想竟收获如此之大，要不是亲身经历，简直难以想象。通过积极地参与活动，我积累了很多宝贵经验，也逐渐在社群中崭露头角。我参加的每个活动都是第一次尝试，并收获认可和奖励，累计获得75枚晶体，这些晶体是可以兑换奖励的。

第一期提示词行动营的作业被选上官方好事日报推荐；新手训练营获得优秀学员表彰；风向标共创活动中，我写了11篇帖子，其中8篇中标；社群年中拉新活动以及第二期小红书AIP行动营中，我均荣获优秀志愿者称号。能有这些收获，都源于我在各项活动中的不懈努力与刻意练习写文案。

曾经，我写的一条文案，为老师带来4位数的被动收入，这大大增强了我继续深入学习与写文案的信心。学习AI提示词之后，我便研究如何让AI帮我写文案，但光学习不实战，没有正反馈那就是学了个“寂寞”。所以正好把我最近所学到的知识点，运用到小红书行动营志愿者的工作当中，让AI帮我点评作业，帮我写各阶段所需的文案。

在行动营期间，我发现一开始大家都很积极，可没过几天就松懈了。毕竟人都有惰性，且每天还有各种事情要忙，容易耽误打卡，甚至会忘记，从而导致打卡率下滑，想要全员上岸，还得花心思。

这时候我就意识到文案很重要，好的文案能让学员一下子就明白重点，引起他们的重视，让他们愿意去写复盘日记打卡。写文案的核心就是“利他”，不能“自嗨”，要站在对方的角度去想，写有利于对方的内容，他才会接受并行动起来。

文案的版式也非常关键，每段之间要空一行，重点信息要用符号标记，适当添加一些表情包，使文案更有趣、更吸引人，也能调动读者的情绪。因为现在信息太多了，大家的注意力很容易被分散，所以写文案要简单明了，突出重点内容，方便读者快速了解我们想传达的信息。而且文案不能每天都一样，就像每天都吃同样的饭菜，会让人觉得乏味。

我仔细研究了之前写的提醒文案，发现有很多地方可以改进。于是，我调整了文案，从初稿到最终定稿，修改了多个版本。在不懂怎么写文案或没灵感的时候，我会跟AI交流探讨，让AI来写文案和润色修改，每次生成的文案都能给我提供许多灵感。只要我描述清楚背景和要求，它就能满足我的需求，感觉AI真的很人性化，简直太懂我了，也太赞了。

我也让AI来帮我点评作业，起初我自己逐个点评，几十份作业要仔细看并写评语，需要花几个小时才能完成，工作效率极低。用了AI之后，30多分钟就能完成，这不仅提高了效率，也让我有更多的时间去思考如何更好地帮助学员。

渐渐地，奇迹发生了，我们组从48%的打卡率逆袭到100%的成功率，最终全员上岸，总共拿回4位数押金。学员们不仅在行动中收获了不错的成果，还登上了官方好事日报榜。并且，我们组中期的排名，还获得小组前三强的第一名，我自己也收获了优秀志愿者荣誉证书和奖励。

更让我欣喜的是，我的文案不仅被领队采用，还被其他志愿者喜欢。和我一起讨论文案的小伙伴用了我写的文案，也评上了优秀志愿者。这些都极大地肯定了我写的文案，让我感到自豪，也让我深刻地体会到了“授人以鱼不如授人以渔”的道理。在帮助他人的过程中，我自己也在不断成长和进步。

03. 收获与成长，未来可期

这次志愿者活动的经历，让我获得了学员的感谢与官方工作人员的认可，这给了我巨大的信心和动力，使我有勇气参加这次出书的活动，也有了后续参与数字人行动营志愿者、小说和小红书等项目的机会。

最初，我对AI并不了解，只听身边朋友说它不好用，便没有去接触使用。但随着AI的普及和国内AI软件的兴起，幸好我敢于尝试，并去找相关知识学习，还加入了一个很不错的AI社群。学会用提示词之后，才知道原来AI这么强大，真的应了那句："AI，一年可顶十年。"

不得不感叹，有了AI这个超强辅助，不仅能在工作当中提高效率，还能在日常生活中帮我解决各种问题，辅导我学习新的知识。一切与文本内容相关的事情，都可以让它来处理，简直就像请了一个贴身私人助理，随时都能呼唤它来干活。

未来，会使用AI的人将淘汰不会使用AI的人，所以遇到新鲜事物时，我们要保持开放心态，不要害怕失败，要多去尝试，才能有更多的机会和收获。

剽悍一只猫老师说："勇气是最重要的才华。"这句话深深触动了我，让我明白在人生的道路上，勇敢地迈出每一步是多么关键。我们要有不怕从头再来的勇气，就怕停在原地内耗不行动。一切从零开始，你也可以像我一样绽放属于自己的光芒。让我们一起拥抱变化，创造属于自己的精彩人生！

我坚信，只要我坚持学习、持续行动，未来将会有更多的机遇在等待着我。

菜穗

负债 20 多万元，35 岁用文案逆风翻盘

菜穗读书会创始人

5年文案写作经验，5年深度阅读经验

1篇公众号文章带来近30万销售额

如果有什么能伤害我们，往往是因为我们自己太弱，并且是我们允许对方这么做的。此时此刻，不论你是孤独无助，还是被生活抛入谷底，都不要紧，静下来，积极用心，在对的方向上足够努力，命运馈赠的大礼在等着你。

我是菜穗，自嘲是一个从垃圾堆里爬出来的人。因为在35岁以前，没有遇到过一个引路人，撞得头破血流后才觉醒。我不想让年轻的你们重蹈覆辙，所以，谨以这个故事送给最可爱的你们。

01. 裸辞创业，负债20万

事情，由一个很蠢很蠢的故事开始。

我生长于湖北的一个深山旮旯，充当了10多年留守儿童。毕业于一所普通大学的电子信息工程专业，大专学历。

这样的背景我一直安于其中，直到在婚后家庭里被摁在地上摩擦，才领教到它竟然能成为他人刺向你的利刃。我经常被拿去与别人家的媳妇做比较，坐月子期间吃的面条里，满是细密小刺的鲫鱼尾巴，肆无忌惮地横在我的碗里。

生气不如争气，我咬牙立誓，一定要快速赚钱，用钱狠狠打他们的脸！

说干就干，辞掉月薪4500元的工作，我毅然决然选择跟一群陌生人合伙创业。没资金没人脉，零基础起步，3个月微信涨粉10000多个，第4个月开始变现。金额1980元、7000多元、30000多元的订单纷至沓来，不到一年成功变现40多万元，收获了鲜花和掌声，被奖励出国游，可谓风生水起。

只是，一个人赚不到他认知范围之外的钱，凭运气赚到的，也会凭实力加倍赔回去。

由于合作成员都和我一样，为赚快钱而聚，大家普遍没什么学识，很快就因为一个失误，团队作鸟兽散，分崩离析。

搞钱梦刚开始就这么没了？我不甘心，这要是被“家人”知道，那不得是海啸般的打压和嘲笑啊！可眼下又没有更好的出路，怎么办？

人在焦虑的情况下，更容易做出错误的选择。我转身又加入了一个微商团队，卖护肤品和减肥产品。一顿操作猛如虎，最后负债20多万元。

02. 为搏生路学文案，害得自己生了病

我被迫停下所有动作，处理掉全部商用微信，从2019年7月开始，做起了全职妈妈。

没了收入，每个月还要还两万多的债务，我就去各个网贷平

台借钱，随即便是来自四面八方夺命般的催还通知，月初、月中、月末轮番轰炸。实在没招了，又办理了两张信用卡套现，拆东墙补西墙。

那段时间每天心惊胆战，头发大把大把地掉，半夜不是从噩梦中惊醒，就是醒来眼泪打湿了枕巾，走路快一点就喘不过气来，去医院检查，被告知心脏已经生病。

我知道再这样下去只会陷入深渊，还会拖累孩子。静下来反思，发现自己的失败归根结底是因为认知不够，又没有拿得出手的一技之长。

眼下最紧要的事情就是还债，最稳健的还债方式是上班，并且月入5位数以上。可自己都35岁了，学什么能快速上手，还能拿到这个价位的薪水呢？给自己做了SWOT分析后，我选择了文案。

债务和自己当下的能力不允许我慢慢摸索，所以这次我选择跟有结果的人学习。哪怕债务压身，还是咬牙花699元报了一个文案训练营。

30天里学了很多技巧，比如怎么写爆炸标题，如何起头，但是对文案依然没有概念，投了多篇稿子，全被秒拒。

我更加慌乱了，开始自我怀疑：是不是不是学文案的料？是不是最后的希望都没了？我还能活下去吗？

真是好笑！我才35，儿子才6岁，怎么就没希望了？！我不甘心，坐下来回顾所学课程，发现都是零碎的方法，至于为什么要这么写，底层逻辑是什么，都不曾涉及，而这些才是我真正需要的啊。

清楚自己要什么就好办了，我带着目标，重新寻觅文案课，直到看见叶小鱼老师的推文。我把她文章里的课程海报保存下来，一遍遍地琢磨，但依然犹豫不决，因为我输不起第二次。

可是，如果因为过去的碰壁经历而否定将来，因为害怕失败而放弃尝试，那永远都不会有结果。

我又把小鱼老师的推文逐字逐句读了五遍，确认课程重在打通文案底层逻辑，而且已经有一大批人通过它成功变现，我决定再赌一次！

03. 打通文案底层逻辑，拉回绝望的自己

很幸运，这次我赌赢了。

当听到“对谁说？在哪说？说什么？怎么说？”的时候，我豁然开朗！文案为什么要这么写的疑惑终于有了答案。

对谁说？——你的文章写给谁看？他们的性别、年龄、需求是什么？也就是说，要站在用户的角度思考问题，给他们需要和想要看的，而不是写我们自己想说的。

在哪说？——文章发布在哪个平台？不同平台的调性和语言风格不同。

说什么？——说出产品的核心亮点，并加以证明。亮点通常

在3个左右，多了人家记不住，等于白说。

怎么说？——采用哪种行文结构和语言风格？是讲故事，还是开门见山？也包括字号、行间距设置，五感描述等。

知道这个底层逻辑后，我有了底气，原来写好文案竟是如此简单！

谁料看花容易绣花难，实操的时候助教反馈说我的语言用力过猛，说教味浓厚；产品描述没有画面感；只顾说产品亮点，没考虑亮点跟用户的关系，王婆卖瓜。

我不服，把文章发给朋友们看，结果收到的反馈比助教说的还逆耳。

什么是画面感？怎么写才能去除说教味？除了拆解优秀的范文，还有没有更长效的方法？

我在自己的认知范围里搜寻答案，最后在儿子房间的书架上看到几本落灰的书，它们如同灯塔，照亮了我的全世界。

10多年没碰书的我决定开始阅读，买回几十本二手书，心理学著作、历史学著作、个人提升类作品、人物传记通通搬回家。做家务的时候听书，双手空闲时就读纸质书。从读者的角度读，从写作的角度读，边读边记录，摘录金句，模仿着写。

写着写着，一些模糊的文案概念慢慢具象化了，比如画面感，之前形容面膜的补水效果，我写的是“补水效果肉眼可见”。刻意练习后写的是“上脸秒速化开，感觉脸上像林间小溪流过，每个毛孔都在咕噜咕噜地喝水”。

描述孩子被打伤，之前我写的是“孩子被打得很惨”，之后我写的是“掀开裤腿，一道道红色血印横七竖八地爬满女儿整条腿”。

意外的惊喜是，在阅读过程中我重新认识了自己，知道自己为什么会做那些选择，内心到底渴望什么。曾经深恶痛绝的人和事，就像被海水冲刷了一样，渐渐消融。我开始接纳自己，共情自己，肌肉和神经变得柔软，再写文章的时候，就像与朋友聊天一样，说教味自然就没了。

是的，当我们敢直面真实的自己，就能革命掉那个差劲的自己。

04. 用文案清债，还有6位数存款

到这里，一起学习的小伙伴有的开始拿到稿费，我很眼红，可是又急不来。

变现需要资源，我没有资源，那就先免费给人写吧。以前厌恶传单的我，接下了路边所有人发的广告纸，主动加他们的微信，分析文案问题，只要对方同意，就免费为他们修改。

很快，一个陌生微友让我给她写一篇发言稿，还给了我200元稿费。后面写人物故事、产品销售推文、品牌slogan，写得不好被要求推翻重来，写到凌晨崩溃大哭，还没哭完又接着写，直到写成“作品”为止。

我开始试着投稿和写自媒体文章，第一篇稿费拿到了700元，10万~100万阅读量的小短文一个接一个，我心里开满了自信的花。

2020年7月，我带上新的简历和作品集，通过面试、试稿和复试，成功进入心仪的平台，做自己喜欢的文案策划，月入5位数。

带着对文案的热爱，我把学到的文案思维和方法论，全部投入工作。很快一篇阅读量两万的文章，喜提销售额两万多元；另一篇公众号文章带来近30万元销售额；促销活动搭配系列短文案，让产品日销量从两位数增加到3位数。入职半年升职加薪，收入翻倍。

如你所料，没多久，我便还清了全部债务，还有6位数存款。再次体检的时候，心脏病也不治而愈。

此后，我保持每年50本纸质书的阅读量，每年学好一个文案新技能，比如短视频拆书稿、品牌文案，不断迭代、升维、上稿，文字越来越少，稿费却越来越高，那感觉像极了一字千金。

2023年11月，我创办了自己的读书会，虽然它于我而言是新的领域，但因为有文案写作能力傍身，我敢大胆行动，也走得更快，如今已经交付110多场。

把自己变得更好，才能承担当初那些愚蠢造成的后果，是文案让我遇见了更好的自己。

回头看，正是那个愚蠢的故事，让我开始探索自己的内心，知道什么才是自己真正想要的，哪些人要远离，哪些事要坚守到底。不屑于自我证明，勇敢活出自己！我想我能从垃圾堆里爬出来，完成心中所愿，你也一定能！凭勇气，凭努力。

黄雪娜

美食旅程，不断前行的成长故事

群接龙微微优品团的主理人

豆果美食、今日头条、视频号、小红书、抖音的美食博主

2022年在第七届中国家庭烘焙料理大赛获得优秀奖

2022年在西班牙的超级食物烹饪大赛获得二等奖

在生活的每一个角落里，总有一些细微的瞬间，能够触动我们的心灵，让我们感受到坚持与热爱的力量。对我而言，这股力量源自烘焙——一种将简单食材转化为令人心动美味的艺术。从二十多年前的一个简单愿望开始，我踏上了烘焙的旅程，希望为家人提供更健康的饮食选择。这一路，我经历了无数次的尝试与失败，但每一次的挑战都让我更加坚信，烘焙不仅仅是烹饪，它还是一种生活的态度，一种对美好事物的追求。

01. 烘焙的艺术：生活的甜蜜哲学

二十余年前，为使孩子们远离那些不健康的食品，我开启了我的烘焙之旅。

初次将面粉、水与酵母交融之际，我着实未曾料到，这竟会成为我人生中奇妙篇章的璀璨开端。那时，烘焙远未流行开来，网络也并非如当下这般无所不在。我唯有依靠那些隐匿于书店角落、薄薄的一本本烘焙书籍，独自摸索前行。初次尝试制作面包，其结果却宛如蒸馒头一般，绵软无力，全然缺失面包应有的弹性与口感。尽管家人给予鼓励，但我深知，这绝非我所追寻的完美境界。

秉持不屈不挠之精神，我开始在书店中苦苦搜寻烘焙的秘籍，逐页翻阅，反复尝试。终于，我做的面包拥有了真正的灵魂，家人的笑容也愈发灿烂夺目。这不仅仅是对烘焙技艺的不懈探索，更是对家庭甜蜜生活的精心烘焙。每一次面团的失败，皆是对生活的深刻体悟。

犹记得有一次，我挑战制作一款法式面包，却始终难以企及那外酥里嫩的理想效果。我几近放弃，然而内心深处的坚持悄然提醒我，绝不能就此认输。于是，我潜心研究不同的面粉，精心调整酵母的用量，不断尝试不同的发酵时间与温度。历经多次的尝试，我终于成功寻觅到那个完美无缺的配方。当望见金黄色的面包在烤箱中缓缓膨胀，散发出诱人的馥郁香气时，我深切地知晓，所有的努力皆为值得。

烘焙，恰似生活，需要无尽的耐心与执着的坚持，而最终的成果总是令人满心欢喜。

02. 餐桌上的创意实验室

除了醉心于烘焙，我亦热衷于深入探索中餐的奥秘。每当在外面有幸品尝到美味的菜肴，我总是迫不及待地渴望复刻其美味。我的孩子们也摇身一变，成为我的小小品鉴师，他们的反馈犹如我不断进步的强大动力。我擅长复刻，也勇于创新，能巧妙地将不同地方的菜式相互融合，精心创造出独属于我们家的别样风味。我钟情于做菜，热爱烘焙，时而还会自创菜谱。为了以后能够迅速找到菜谱，我将菜谱拍照留存，并把制作过程上传至豆果美食，如此一来，下次再制作时便能快速查阅。每一道菜，皆是对生活的深沉热爱与对味觉的不懈探索。

记得有一年暑假，我们全家前往杭州旅行，在一家老字号餐厅有幸品尝到据传是乾隆吃过的鱼头，那鲜、香、咸、微辣的味道令我久久难以忘怀。归家后，我决定亲自尝试制作，于是从市场精心选购各种食材和配料，依照记忆中的美妙味道进行调配。经过数次尝试，我终于成功做出了令家人赞不绝口的乾隆鱼头。家人们甚至赞叹，这比我们在餐厅品尝到的还要美味可口。这份自豪与满足感，难以言表。

烹饪，于我而言，绝非仅仅是为了满足口腹之欲，更是一个充满创造力与分享精神的美妙过程。

03. 从美食爱好者到美食顾问

时光犹如白驹过隙，转瞬之间儿子已然长大，即将远赴国外开启求学之旅。为了让他在异国他乡也能品尝到家的味道，我为他精心准备了一台美善品厨房料理机。为了更好地教导他使用，我加入了美善品，成为一名美食顾问。起初，销售情况并不理想，但我并未轻言放弃，开始在朋友圈上传我自制的各种美味佳肴。渐渐地，越来越多的人开始关注我，我的机器也销售得越来越好。

我不但教会了儿子，还教会了更多的人如何运用机器制作美食。

分享美食，便是分享生活的无尽美好。仍然记得那个冬天，有一次进阶课，其中的圣诞面包是我来教的。十几位客户皆是烘焙新手，对烘焙充满了好奇与热情，但同时也略感畏惧。我耐心地教导她们如何用机器揉面团，整理面团的手法是怎样的，如何精准控制烤箱的温度，如何巧妙装饰烤好的面包。当她们目睹自己亲手制作的圣诞面包这么漂亮、这么美味时，那惊喜的表情让我感到无比的满足。

我深知，我不仅仅是在销售一台机器，更是在传递一种生活的积极态度与无穷乐趣。

04. 微微魔法厨房的诞生

随着玛捷斯料理机进入中国市场，我转战全新的平台，同时更新了我自媒体平台的ID，“微微美食厨房”更改为“微微魔法厨房”，上传了更多的美食教程、制作过程以及各种美食探店，很快我便成为一名备受欢迎的美食博主。

我的视频和教程很受青睐，尤其是一道空气炸锅烤鸡翅，浏览量高达490万，收藏量达2.6万。我的影响力不断扩大，而我也在持续学习，努力提升自己。相信，在美食的奇妙世界里，每个人都可以化身为魔法师。

记得当我上传第一个视频时，心中充满了紧张与期待。我担忧无人观看，担心我的教程不够出色。然而，当我看到第一个点赞，第一条评论时，我明白我的努力并未白费。我的视频不但帮助了许多人，还让我结识了众多志同道合的朋友。我们一同交流烹饪技巧，分享生活点滴，这让我感到无比温暖与快乐。

自媒体，对我而言，不仅仅是一个展示自我的广阔平台，更是一座连接世界的坚固桥梁。

05. 从美食顾问到微微优品团的创立

上海疫情期间，我凭借自身的资源与丰富经验，成为一名社群团长，微微优品团助力邻居们采购生活必需品。疫情过后，我继续投身于社群团购事业，为群友们提供物美价廉的优质产品。这份信任与支持，成为我继续前行的强大动力。信任，无疑是微微优品团最为宝贵的财富。

回想那段上海疫情封控的日子，我们社区的许多人都面临着生活物资短缺的难题。我利用自己的资源，成功联系到一些供应商，开始组织团购。我清晰地记得第一次团购，原本应该下午六点左右就送到的酸奶一直没来，原来货源紧张，酸奶在仓库已经被抢得差不多了。我赶紧联系相关的供货商，这个过程真的是一波三折，跌宕起伏，最后这批酸奶终于在22点多送到小区。虽然已经很晚，但邻居们并没有埋怨，收到的酸奶日期是新鲜的，价钱是疫情以前的，看到他们脸上露出开心的笑容时，我深知自己做对了，我不仅仅是在销售产品，更是在帮助社区，帮助那些急需帮助的人。这种成就感，是任何金钱都无法衡量的。

在即将退休之际，我回首过往，感慨万千。我从一个全职妈妈，到自学烘焙，再到成为美食顾问、自媒体博主，最后成为社群团长，每一步都充满了挑战与惊喜。

亲爱的书友们，若你有缘看到这篇文章，欢迎你加入这个充满魔法的社群，有任何关于美食和社群团购的问题，欢迎扫描二维码，我将送你一本美食电子书籍。让我们一同在美食的世界里，尽情享受生活，快乐分享。

在这个故事的尾声，我想说的是，生活恰似烘焙，需要耐心与细心，当你目睹成果之时，所有的努力皆为值得。

我期望通过我的故事，能够激励更多的人勇敢追求自己的梦想，去创造属于自己的魔法。无论是在厨房之中，还是在生活的每一个角落。

感谢你阅读我的故事，若你有任何想法或者建议，欢迎随时与我交流。我期待着与你的每一次互动，每一次分享。让我们一起在美食的旅程中，不断前行，不断成长。

再次感谢你的陪伴，我是黄雪娜，朋友们都亲切地叫我微微，一个热爱生活、热爱美食的美食博主，也是一位精选好物给大家的社群团长。我满心期待着与你相遇。

洛伊

心中有光的人，
才能走得更远

心理倾听师

读书号博主

二孩宝妈

终身成长的践行者，阅读、写作的重度爱好者

在一次生涯咨询的见习中，我看到这样一个过程，咨询师引导来访者做了一个简单的模拟互动——小船实验。

实验内容大概是这样的：闭着眼，想象自己驾着一艘小船在海面上行驶。此刻，海面上一片漆黑，看不到岸边，只能漫无目的地划着船桨前行。试想一下，时间长了我们会怎样？我们会疲惫，看不到希望，甚至最后可能会放弃前行。但如果这时，海面上突然亮起了一座灯塔，我们又会怎样？是的，我们会一直朝着它前进，因为我们明白，只有这座灯塔能带我们到达自己期冀的地方。

这个实验，就简单的几分钟，却给了我很大的震动。因为最初的自己，就是在黑暗中航行的小船，没有目标，一片茫然。

01. 上下求索，找到自己的方向

我是一个爱折腾的二孩宝妈，而折腾的起点是迷茫。

也许每一个人都会对自己的人生有所规划，但刚从大学毕业的我，却找不到自己的方向。不知道未来做什么，不知道自己想做什么，也不知道自己能做什么。

于是，我听从家里的安排，到我家乡的小学当了一名代课老师。然后，又在家里的安排下相亲、恋爱、结婚。一切都是那么的顺利，顺利到周围人都说，我真是好福气，没有遭受一点坎坷。

但只有我自己知道，我不喜欢当小学老师。所以，当时的我特别想摆脱这个工作。可是，失去工作，我又不知道自己能做什么。于是，我只能在这个岗位上继续忍受。

后来，我的第一个孩子出生，而我是最适合留在家里照顾孩子的人。于是，我成了一名全职宝妈。

我不知道是不是每一个全职妈妈都会经历这样的心路历程：因为突然在家带娃，内心会时常自我否定，没有价值感，而且有极大的不安全感和自卑感，担心成为一个黄脸婆。

那时的我，每天的社交对象几乎只有家里人，日常生活除了家庭琐事，就是围着孩子转。而且我当时不仅仅是没有工作、没有收入，更重要的是我迷失了自我。

为什么会这样呢？明明每天忙得焦头烂额，却看不到自己的价值；明明那么辛苦，却觉得自己一点用都没有，内心一片荒芜。我看不到孩子长大后，我的未来在哪里。我隐约觉得，如果继续这样下去，我可能就没有以后了。

于是，为了改变这种困境，我开始了外人眼中的瞎折腾。我开始写作，开始在线上学习各种课程，然后又开始做社群运营的兼职。每天过得忙碌而又充实，又一次让周围人赞叹道："洛伊真厉害，一边带娃，一边学习，还能一边做兼职赚钱。"

而这时的我却依然焦虑。每隔一段时间，我都会特别疲惫，会被眼前的忙碌拖得不堪重负。有几次自己一个人的时候，甚至崩溃大哭过，心里一遍遍地问自己：“把自己搞那么累，到底图什么?”

2020年10月，我在做社群运营时，接触到了心理学的相关课程。这个课程就像是突然在漆黑的海面上看到了一座灯塔，心里有个地方被照亮了。也就是从那时开始，我才清楚地知道自己想做的事，就是心理咨询。

02. 长路漫漫，坚持就是胜利

自从知道了自己想做什么，内心就渐渐地充盈起来，我开始在线上学习各种心理学相关的课程。

一开始，我是因为兼职帮一个生涯机构做社群运营，也算是职务之便，可以免费学习他们的生涯规划课程。而这个课程，会有很多心理学的知识出现。我当时听了之后，便对心理学欲罢不能。

于是，我开始在其他的线上平台学习心理课程。一边学，我一边考取了“家庭教育指导师”“青少年生涯规划师”和“中国科学院心理指导师”的证书，就想着能为以后当心理咨询师而做充足的准备。

后来，我报名学习了一个平台的心理倾听师培养课程。这个课程学习结束后，如果通过考核，可以入驻这个平台，成为一名心理倾听师。对此，我满怀期待，也相信自己可以通过考试。

可是，现实会告诉你，一帆风顺从来都不是人生的常态。学习心理学的路并不好走，在我报名开启学习后，我发现自己怀孕了。那时的我怀着二孩，本来身体就出现了很多不适，还得坚持工作和学习。所以，我经常会因为久坐听课而腰疼不已。

后来，又因为入驻平台成为心理倾听师的考核时间，和我的预产期相近，所以我只能无奈地放弃了这次机会。二宝的降生，不仅让我的“心理咨询”之路受阻，还使我的兼职工作也暂停了下来。

于是，我又重新回到了全职宝妈的状态。只是这一次，我成了二孩宝妈，每天的带娃日常就更加忙碌了。但不同的是，这一次的我即使没有任何收入，也没有出去社交，内心也没有丝毫焦虑。

我很清楚自己未来的方向，也知道当下作为全职宝妈，我有我的付出和价值。不担心将来，也不缅怀过去，只是很用心地过好当下。我想，也许内心坚定、有目标的人，就是这样的吧。因为不会迷路，所以就算现在艰险重重，也能从容不迫。

二宝出生后不久，我又开始了心理学习之路。每当孩子们睡着后，我便下床去听课、看书，就希望能在不久的将来，真正开启心理学相关的工作。

今年，二宝两岁了。我又开始做回我的兼职，跟着一个心理疗愈师做新媒体运营，同时在8月底开启了心理倾听的工作。虽然刚刚起步，但一切都在跟着目标前行。

回顾这一路走来，我就像是去西天取经的孙悟空，一开始不知为何上路，但一路的升级打怪，终于让我找到了为之奋斗的目标。然后，我会跟着这个目标披荆斩棘，闯过九九八十一难，最后取得真经。

03. 心中有光，所以前路充满希望

作为一个刚刚踏入心理咨询行业的菜鸟，我知道未来的路还很长。可是，再长的路，也是一步一个脚印踩出来的。

喜欢心理学，不是一时的头脑发热，而是因为它给人带来的帮助和价值是值得我追求的。在我看来，不管是心理倾听还是心理咨询，都是在给需要的人带来心灵上的疗愈和陪伴，而这种助人的理念也是我学习心理学的意义所在。

记得刚开始实习做心理疏导时，我遇到了一个女孩子，她很信任我，来找我做疏导。当时的我没多少技巧可言，只能按照流程照本宣科。但在慢慢深入的交流中，我共情到了她内心的世界。

她是一个在海外留学的女生，在美术方面有比较好的天赋，曾经获得过不少荣誉。海外深造的她，本来一切顺风顺水，可是突然有一天她摔了一跤，结果被查出患了一种很难治愈的免疫性疾病。从这一刻开始，她的世界发生了天翻地覆的变化。

一个人海外求学，本来就孤独无依，而突然的患病，更是给

她的身心带来了无法排解的痛苦。这还不是最难的，最让她难过的是，作为艺术生的她，会接触到很多颜料，可颜料会对她的病情有很大的影响。所以，为了身体，她不得不从曾经给她带来很多荣誉的领域搬离，换一个对她身体更好，却是她不擅长的专业。

女孩讲到这里时，早已经泣不成声，而我也为她的遭遇感到悲伤。当时的我并没有很熟练的技巧，但我知道当下应该陪伴她，给她释放情绪的空间。于是我看着她，轻轻地说了一句："我在这里。"然后，默默地陪着她，直到她哭完。

在那并不短暂的沉默中，我心里闪过很多念头，也想过作为一名心理倾听者，该如何回应这一情景才是最好的。但在最后，女孩告诉我，在她哭泣时，我的默默陪伴让她觉得很温暖、很安全时，我突然明白了我作为一名心理疏导者的意义。

不需要多么深厚的技巧，哪怕是一名新手，当我们带着真诚去给予来访者陪伴和帮助时，就是一名心理疗愈者最有价值的时刻。我希望，以后的自己不管走得多远，都能记得这种真诚助人的初心。

而这样的初心，和我们的人生目标一样，都是一个人内心的光，会指引着我们走得很远很远。

回顾自己这几年的经历，从初为人母时的忐忑不安，到茫然无措的多番尝试；从不断努力地学习升级，到坚定不移地追求目标。如今我虽然不是成绩斐然的成功人士，但却是一个清醒、独立，未来有明确发展方向的二宝妈妈，更是一名持续成长的心理倾听师。

这种从迷茫中挣扎出来的成长，让我不仅在思维和认知上有了迭代式的升级，也给我自己带来了非常多的惊喜。人生不就是这样吗？一点点成长，一步步跨越，然后一路领略由意料之外和不出所料交织而成的风光。

我始终追寻和创造的，就是独属于自己的人生意义。我还是一个爱折腾的二孩宝妈，因为折腾不息，所以生命不止。

马维申

有梗、有种、有态度，我在商场做新媒体的那些年

从业8年资深商业新媒体运营

01. 星辰大海：启航新媒体之旅

我非常乐意把在商场做新媒体运营的工作经历，比喻为在一片繁星闪烁的元宇宙中，我踏上了一条从新手探索者到领域领航者的非凡旅程。我的故事，或许会像一颗启明星，能够为在新媒体的浩瀚星海中勇敢航行的你，照亮前行的道路，提供灵感的火花与实用的指引。在新媒体的元宇宙里，“热爱”是最好的助推燃料。

我的新媒体运营之路始于大学时期的一次实习机会。那时，我对市场营销充满热情，但更被新兴的数字媒体所吸引。在一次校园招聘会上，我向一家知名商场递交了简历，希望能够获得一个实习的机会。起初，我被安排在一个与我所学专业更为对口的岗位，但在我的坚持和争取下，我最终被调剂到了市场部。我记得当时部门负责人问我：“你确定要调到新媒体运营吗？这个岗位很辛苦，需要持续产出创意，灵感枯竭时会很焦虑。”我毫不犹豫地回答：“是的，我确定。因为我知道，这是我真正热爱的工作。我喜欢创作，热爱创新，喜欢那些具有挑战性的工作，而新媒体运营无疑是最佳选择。”

实习期间，我全身心投入工作中，每天研究各种新媒体平台的运营策略，学习如何制作吸引眼球的内容。我的努力没有白费，我成功地为商场的公众号策划了一系列受欢迎的活动，吸引了大量的粉丝关注。这段经历让我更加坚定了在新媒体运营领域发展的决心。

毕业后，我顺利进入了本市一家高端奢侈品商场，担任新媒体运营专员。那时，公众号是商场对外宣传的主要渠道。我深知，要想在众多商场中脱颖而出，就必须要有与众不同的内容。因此，我每天花费大量时间研究用户喜好，策划创意内容，不断尝试新的表现形式。在那段时间里，我几乎每天都在加班，根据每场活动的不同特点反复打磨每一篇推文。我的努力得到了回报，我策划的内容总是能够吸引大量用户的关注和参与。我在团队脱颖而出并升职为经理，成为商场新媒体运营总负责人。

02. 磨砺之光：于挑战处寻创新

新媒体运营是一场没有终点的马拉松，只有不断前行，才能保持领先。然而，随着时间的推移，公众号的热度逐渐下降，用户对内容的要求也越来越高。我意识到，如果不能及时调整策略，很快就会被市场淘汰。在这个时候，小红书开始崭露头角，我迅速捕捉到了这个风口。于是，我利用业余时间深入研究小红书的运营机制，分析用户行为，摸索内容创作的新方法。通过不断地尝试和优化，我成功地将商场的小红书账号打造成了本市粉丝最多的官方账号，为商场带来了大量的流量和潜在客户。

在新媒体运营的道路上，我经历了无数次的尝试和失败，但每一次的成功都让我更加坚信自己的选择。记得有一次情人节，礼物被丢弃的“心碎男孩”和情人节去“商场捡垃圾会捡到钱、戒指等礼物”这两个话题讨论度很高，我灵感爆棚，觉得这两个话题正好可以结合起来为我所用啊！我决定以此创作一篇能够引发共鸣的内容，于是迅速组织团队，从不同角度拍摄了一束“被丢弃”的鲜花，并配上了一段感人的文字：“谁把花扔在了商场垃圾箱？每一朵花都有它的故事，每一段爱情都值得被珍惜。”这篇帖子很快在小红书上引起了广泛的关注和讨论，曝光量迅速突破了100万，成为小红书当天的本地热搜榜第一。这次成功的运营案例不仅为花店带来了大量的客流，也让商场的品牌形象得到了极大的提升。我意识到，新媒体运营不仅仅是发布内容，更是要通过内容与用户建立情感的连接，传递品牌的价值和理念。新媒体运营的艺术在于将平凡的日常转化为不平凡的话题。每一个成功的新媒体策略背后，都是对用户深刻理解的体现。创新不是选择，而是新媒体运营生存的必需。

03. 未来之门：探索新媒体的无限可能

新媒体运营是一个充满变数和机遇的领域，它的发展速度之快，常常让人应接不暇。在我看来，新媒体的门槛虽然相对较低，但要想在这个行业中脱颖而出，不仅需要对内容创作和平台运营有深刻的理解，更需要具备敏锐的市场洞察力和不断创新的精神。随着人工智能、大数据、增强现实等技术的发展，新媒体运营将变得更加智能化和个性化。未来，我们可能会看到更多由AI驱动的内容创作工具，它们能够根据用户的喜好和行为数据，自动生成个性化的内容。同时，新媒体平台也将变得更加注重用户体验，通过更加精准的算法推荐，为用户提供更加丰富和多元的内容。在这个过程中，新媒体运营人员的角色也将发生转变。我们不再仅仅是内容的创作者和发布者，更是数据分析师、用户体验设计师和品牌策略家。我们需要不断学习和适应新技术，以保持自己的竞争力。此外，随着5G技术的普及，新媒体运营将迎来更多的创新机会。高速的网络连接将使得视频内容、直播互动和虚拟现实体验变得更加流畅和普及，这将为新媒体运营人员提供更多的创意空间，也将为用户带来更加沉浸式的体验。总之，新媒体的未来充满了无限可能，而那些能够把握变化、不断创新的人，将能够在这个行业中获得成功。

这是充满不确定性的时代，商场面临着前所未有的挑战。同质化竞争是商场在新媒体运营中遇到的第一个难题。在信息爆炸的今天，用户每天都会接触到大量的品牌信息，如何让自己的品牌在众多竞争对手中脱颖而出，是每个商场都需要思考的问题。内容创新不足是商场新媒体运营中的另一个困境。随着用户对内容质量的要求越来越高，那些缺乏创意和吸引力的内容很难获得用户的关注。商场需要不断创新内容形式和表达方式，以吸引和留住用户。数字化转型困难也是商场在新媒体运营中面临的问题。许多商场在传统零售模式下运营已久，要转向数字化运营，不仅需要投入大量的资源，更需要改变原有的思维模式和运营方式。线上线下融合困难也是商场亟待解决的问题。在新媒体时代，用户的消费行为越来越倾向于线上线下相结合。商场需要通过新媒体平台，将线上的流量转化为线下的消费，这需要商场在运营策略和用户体验设计上进行深入思考和创新。此外，商场在新媒体运营中还面临着缺乏专业人才、数据分析无从下手、成本难以控制等问题。这些问题不仅影响了商场的品牌形象和销售业绩，也对商场的长期发展构成了威胁。

这也是充满希望的时代，新媒体运营对商场的成功发展起着决定性的作用。首先，新媒体运营可以帮助商场提高品牌知名度。通过在各大新媒体平台上发布有吸引力的内容，商场可以迅速提升品牌的曝光度，吸引更多的潜在顾客。其次，新媒体运营可以帮助商场更好地与用户互动。在新媒体平台上，商场可以通过评论、私信、直播等方式，与用户进行实时的互动和沟通。这不仅可以增加用户的参与感和忠诚度，还可以帮助商场收集用户反馈，优化产品和服务。此外，新媒体运营还可以帮助商场实现精准营销。通过分析用户的行为数据和偏好，商场可以制定更加精准的营销策略，提高营销的效果和转化率。在新媒体时代，商场的竞争对手不再局限于同行业的其他商场，而是包括了所有能够吸引用户注意力的新媒体内容。因此，商场需要通过新媒体运营，建立起自己的品牌优势和用户群体，这样才能在激烈的市场竞争中立于不败之地。

04. 智慧之桥：丰富经验转化专业服务

凭借我在商场新媒体运营领域的丰富经验，我可以为同行或商场老板提供专业的解决方案。我计划设计一系列商场新媒体课程，包括内容创作、平台运营、数据分析、用户体验设计等模块。这些课程将结合实际案例和最新的行业趋势，帮助学员掌握新媒体运营的核心技能和策略。针对不同商场的特点和需求，我还将提供定制化的解决方案。这可能包括品牌定位、内容策略、用户增长、危机管理等方面的咨询服务。我相信，通过我的专业指导和建议，可以帮助商场在新媒体运营中取得更好的成绩。此外，我还计划通过线上和线下的培训课程、工作坊和研讨会，与更多的同行和商场老板进行交流和分享。我期待与你们一起探讨新媒体运营的最佳实践，共同推动商场新媒体运营的发展。我相信，通过我们的共同努力，可以在这个充满挑战和机遇的新媒体时代中，实现商场的数字化转型和品牌的持续发展。

有音乐就能活的大葱

命运的齿轮如何转动都要活下去

从事教育行业十余年

唱过2000多首不同语言和曲风歌曲的音乐达人

“一个人遇到好老师是人生的幸运，一个学校拥有好老师是学校的光荣。”从小到大，我被好几位拥有深厚学识和仁爱品行的老师感动，他们慈爱地对待每一个学生，这些老师给了我很多关心和帮助。这让我也想成为像他们一样能给学生带去温暖和力量的人，想为国家培养德才兼备的栋梁之材。从小学开始，我在心田里就种下了一颗成为教师的种子。

大学4年心无旁骛，一心将自己沉浸在知识海洋中，尽情领略知识的广博与深邃。毕业后，我终于以第一名的成绩考取老师，实现了儿时的梦想。之后，我十几年如一日地热爱教育事业，尽职尽责，赢得了学生们的喜欢。很多孩子因为我，爱上了学习。升到更高年级或毕业的学生看见我，还会说没听够我讲课。孩子们无论是在走廊还是在操场上，都会把我团团围住，跟我特别亲，让我感受到被信任和爱的幸福感。有的孩子在学习和生活上有难处，或做关键决定时，抑或遇到小确幸时，都会想到我并跟我说，虽然我早已不教他们了。有的孩子因为喜欢我而萌生出想成为老师的愿望。那一刻，我仿佛感受到了时空的奇妙跨越，曾经的梦想在学生身上得到延续，这让人无比欣慰。

可是2023年10月中旬的一天，命运的齿轮开始失控。当时我正在课堂上全神贯注地讲课，突然被一个学生用超强光刺到眼睛，很恐怖。双眼当时白茫茫一片，眼前的一切都消失了，除了白色什么都看不见。当时那个学生还问我惊不惊喜。身为两个班的老师，面对学业基础原本就有些薄弱且还因感冒缺了很多课的学生，以及马上要到来的期中考试，我很着急，想赶进度多讲一些。所以我忍着双眼不适，讲完了课，两个课间也没歇着，都在给学生们答疑。当时我也感冒了，每天站立时间过长，腿肿得很疼，孩子们还贴心地给我搬板凳，听见我累得破音还给我水喝，这些都让我很感动。

受伤当晚，父亲得知此事后气得不行，老父亲患有脑梗，最怕激动。当时父亲就说这孩子肯定是故意的，否则我站着讲课他坐着怎么能弄伤我双眼呢？但我和这个孩子无冤无仇，我怎么都想不通。我一心给孩子们当梯子，托举他们，无论成绩什么样都没有放弃过任何学生。遇到有困难的我会更关照，平时自己很节省，但会给有难处的孩子买东西；看见学生饿肚子，即使我没吃饭也会把食物给学生；帮助过好几个学习和生活上有困难的孩子重获快乐和信心。这么多年把课间和午休大多数时间都给了学生，学生有问题，随时为他们解答。好多学生把小学单词甚至字母都忘了，刚开学就做好弃学英语的准备。我一直鼓励他们，并用有趣的方法让他们轻松地把高中学的单词记住。后来双眼越来越难受，仍通红、充血、干涩，全是红血丝、视力模糊，异物感强烈。亲友和同事看见我眼睛难受成这样，都让我赶紧去大城市检查治疗，有位同事说眼睛损伤是不可逆的。我开始紧张了。当时临近预产期的好友得知此事也很气愤，跟我一样着急，半夜还在帮我查火车票和医院挂号信息，另一位朋友还要陪我去外地医院。后来我去看监控，难过得不行，那孩子并不是他所说的不是故意的。他同桌发现他用充满电的超强光巡检电筒照我的时候，还按住他的手不让他照，但他还继续照我。我怎么也想不明白，他为什么这么对我，特别崩溃、震惊、委屈。之后就开始了无比艰辛的检查和治疗之旅。每天身心都很痛苦，担心自己眼睛发生病变，我要是出什么事，我的老父亲可怎么办？所以我在外面多难多痛苦害怕都不跟他说。每天早出晚归，医生让我去检查，嘱咐我如果眼睛发生了病变，得赶紧接受注射治疗，时间很紧迫，耽误不得。在外面治病吃不好，睡不好，白天没时间休息，基本都是站着；寒冷的天着急忙慌赶路，别人都穿羽绒服，我还在穿秋装。我在医院里的各个楼层穿梭，赶公交、倒地铁，每天走很多路，要在好几个医院检查和治疗。检查后得知双眼发生病变，我难过、焦虑得不行。经过学生这事后，我就对亮一些的光开始恐惧，有心理阴影了。经过几家医院的检查，医生诊断为：双眼被强光照射后视力下降，双眼黄斑病变，双眼角膜上皮缺损，视神经受损，结膜炎等。其中的艰辛和痛苦难以用语言来形容，短时间内长出很多白发和深皱纹。一想起来被学生随意伤害就特别委屈恐惧，特别痛苦。每天都很累，心理压力特别大，出事后睡眠质量越来越差，入睡越来越难，即使睡着后可怕的噩梦也在折磨着我，睡着也很累。有一次从医院回来，我累得在亲戚家的椅子上睡着了，结果心脏突然疼得无法呼吸，全身一点都动不了，也发不出声音求救。幸好当时在亲戚家，疼了很久被亲人发现，吃了急救药还帮我按摩穴位才把我救过来。担心心脏出问题，亲人还陪我做了很痛苦的螺旋CT。另外，由于被学生无缘无故把双眼弄坏后精神压力极大，我患上重度抑郁症和焦虑症。

家人跟我一起着急上火。父亲的脑梗本来恢复得不错，但因为我被伤害的事病情加重，病倒了好多天，这让我特别自责难过。抑郁症和焦虑症躯体化表现太严重，四肢酸痛、僵硬，身体各处都出现疼痛。我怕自己成为家人的拖累，对未来感到焦虑和恐惧。单身一人，无儿无女，以后眼睛越来越不行，不知该怎么办。本可以遇良人结婚生子拥有美好的人生，可现在一切都毁掉了。随着抑郁、焦虑越来越重，后来已经听不明白医护人员说的话了，嘱咐多次也记不住，反应不过来。后脑勺拔凉的感觉越来越重，极其难受，24小时不间断的窒息感，像被无形的东西死死地掐住了气管无法呼吸。大脑越来越迟钝，意识越来越模糊，最严重时仅有一丁点自我意识，那是人世间仅次于至亲离世的恐惧绝望，当时崩溃无助极了。治疗期间，几次坐过站，被车上人哄笑。台阶有时候直接迈空，好多次差点从公交车、面馆室内的高台阶、火车站的滚梯等高处摔下去，像行尸走肉一样。

回家后很长时间都是躺尸状态，24小时不分昼夜浑身持续酸痛无力。因为没有行动力和意志力，那段时间想要结束自己都做不到。后脑勺疼得严重的时候没法思考。父亲短时间内肉眼可见地消瘦衰老，本应该享受天伦之乐的年纪，却从我出事那天起，为我操碎了心。好端端的像开心果一样幽默、爱助人的女儿竟变成这样，这对他太残忍了。一年中我哭了无数次，有时会想我的脸早就被泪水里的盐分腌入味了。我无法跟病后蓬头垢面断崖式衰老，工作生活啥也做不到的自己和解。伤害我的学生一家人在我治疗后不闻不问，我回家半年多，父亲给那学生家长打电话，我听后止不住眼泪地问那孩子父亲："凭什么你家惯坏的孩子把我一辈子毁了？我做错了什么？我为什么要遭这些罪？"之后我哭得太厉害，因为心口太疼没法说话，挂断电话剧烈干呕。那天差点哭死，半夜心脏疼得剧烈，险些没活过那个夜晚。那家人的言行让我跌入谷底。还有工伤鉴定部门让我多次受刺激，痛苦至极。监控视频、人证、物证、诊断书都有，工伤鉴定部门让我们提供各种文书，折腾了8个月，眼看一年时限到了，突然说不予受理。父亲受刺激，从工伤鉴定部门回来后脑梗症状加重了。这些事让我身心俱疲，跌入深渊。受害者有罪论的人会说是不是惹到学生了？当时课上那孩子也承认我和他无冤无仇。我会给有困难的学生买生活用品和学习用品，教书十几年，包里一直备着糖或巧克力，怕孩子们不吃饭导致血糖低。

勿以善小而不为，勿以恶小而为之。一次恶行就足以改变别人全家的命运，太残忍和不公平了。无数次痛不欲生，内心持续感到痛苦、无助、恐惧、绝望，我能用语言描述出来的不足百分之一。那时我就知道为什么抑郁症人群里的很多人最终选择离开，有时并不是不想活，而是熬不住。时至今日，从头到脚，从内到外，我一直有各种不分昼夜、持续不断的疼痛，极其煎熬，活着就已经耗尽了所有力气，头疼得无法思考，干呕持续了将近9个月。有小伙伴评价我是骨子里自带幽默的东北人，但病后完全变了，看自己以前无忧无虑的、像个孩子似的乐呵呵唱歌讲故事的视频恍如隔世。能活到现在，需要感谢的人有很多。在治疗期间，我得到了亲人和好心姐姐的帮助。当时正处孕期的好友和她母亲一直在关心我。她曾要把我接到南方照顾。她总说没帮上我啥忙，可是她不知道这些话已经救了我。一位朋友陪我好几天。只有她来时我才能从床上爬起来，但严重厌食，提到或想到我被害时相关的人事物就干呕。朋友以为我不爱吃她买的东西，便重新点餐，这让我很感动又过意不去。父亲看着每天让身心疼痛折磨得不成样子、生无可恋的我，告诉我唱歌对治疗抑郁有帮助，劝我重新拿起麦克风。音乐给当时我枯燥灰暗的生活注入了一抹亮色，像救命稻草一样。感谢朋友劝我接纳自己现在的身心状态，接受洗漱都做不到、蓬头垢面的自己，劝我给自己时间修复身体和大脑，去重拼崩掉的内心世界。感谢伙伴说我并不是毫无价值，说我的歌和文字能给人以快乐和温暖。这些都让处在绝望无助中的我感受到安慰。感谢同事的关心，感谢亲友不离不弃，让我没彻底成为孤岛。感谢每一位充满善意和悲悯心，一心盼着别人好的人。

“当你觉得一个人很奇怪，那TA有可能正在经历着难以言喻的痛苦。当你遇到表面正常，内心却早已千疮百孔的人，也许最好的态度就是不指指点点、不评判，多点理解和尊重。”

此刻跟我一样被失控乱转的命运齿轮改变人生轨道的小伙伴一定要活下去啊！说给自己也说给你。你已经在谷底了，每走一步，无论多小都是向上。我们的生命故事还没有结束，有很多精彩章节要书写。活成自己生命的主人，无条件地相信自己、接纳自己、爱自己，活着才有希望。也许别人命运的齿轮走直线，咱们的小轮子在走曲线而已。

刘不住

摘下面具，让“社恐”自然生长

经典I（内向型）人

自我觉察爱好者

国家三级心理咨询师

如果能回到过去，你想和自己说什么？

我想对过去的自己说：“改变不是为了成为别人，而是为了更好地成为自己。”

01. 迈不过去的坎，是成长的必修课

过去，我是一个典型的内倾型人格，俗称“I人”。I人的能量源于独处，敏感专注，容易焦虑自责，在社交中不断内耗。学生时代，我曾创下独居一周没开口说话的记录，凡事能发消息就绝不打电话，能用手机就绝不面聊，哪怕对方就在隔壁。不论是线上社交还是线下社交，我都会提前做一番心理建设，打起十二分精神去应对。

随着年龄和阅历的增长，工作后的我已经从一个“话题终结者”成长为可以多说几句不咸不淡场面话的职场人，就像一座安静的火山，表面淡定，内心时刻沸腾。

每天醒来，都有充满挑战的“社交冒险”等着杀我个措手不及。电梯里的寒暄、跨部门同事的业务沟通、会议上的即兴发言，还有那些热闹的团建活动……我知道自己该张嘴、想张嘴，但却不知道说些什么，只好全程保持微笑，听同事妙语连珠。

光是这样沉默着，我的大脑后台就在不停高速运转，因自己的冷场而焦虑自责。如果想加入群聊，则消耗更大：第一问，我该说什么？为了避免说错话尬场，一句话要打10遍腹稿，像毕业答辩般反复推敲。第二问，要不要说出来？因为怕精心准备的“台词”达不到预期效果，所以我总是没勇气说出口，像一只不停充气又泄气的皮球。最后，我就这样手心冒汗，紧张地杵在原地，很累但什么都没干成。

当别人可以脱口而出地讲出漂亮话，我却在心里组织半天语言最后没能说出口时；当别人迅速和陌生同事打成一片，不怕被拒绝，我却畏首畏尾地被动社交时……日复一日的鲜明对比让我越来越焦虑无助，自我嫌弃。

此刻我意识到：是时候该做点什么了。

就像被困在一个封闭孤独的茧房里，我想以改变自己来逃脱人生的困局。于是，我开始自我怀疑：是不是把自己‘E’化，像身边的同事一样，就不会再尴尬煎熬了？如果能像他们一样主动勇敢，也许事情就会不一样？

02. 面具是暂时的避风港，但不是永远的家

那时的我天真地以为，躲在外向的面具之后，就可以消除社交时难受的拧巴感。然而，事情并非如此简单。

设立“E人计划”后，我洗心革面，立志成为一个风趣机智、

善于言谈的人。

为此，我进行了大量的刻意练习，以备战高考的劲头，像八爪鱼一样忙碌，试图在最短时间内掌握各种社交技巧，迅速提升自己。

白天，我在工作中实战演练，要求自己每天至少要主动和5个同事聊天，努力接住话题、延续话题。和朋友聊天时，我会边聊边搜索跟聊天内容相关的段子或表情包，来展现自己的幽默。发朋友圈时，我会字斟句酌，迎合大家也许会喜欢的一面。上下班途中，我还会和滴滴司机搭讪闲聊，当作破冰脱敏训练。

晚上，我在家进行复盘和学习，研究哪里可以做得更好。晚饭后，我会边锻炼边听关于幽默、聊天、即兴发言的课程，试图像应考一样窥破打开社交场面的真谛。洗漱完毕躺在床上，我会花一两个小时把当天的朋友圈全部刷完，搜集大家的最新动态和关注的新闻、八卦，作为第二天的聊天素材。最后关灯睡觉，我脑子里开始自动复盘今日留有遗憾的对话，反复琢磨当时该怎么说会更好。

经过一段时间的努力，我对扮演“E人”角色熟能生巧，但也时常感到力不从心。有时，即使内心慌成一片，我依然可以抛出一些即兴话题，内心充满成就感；有时，因为事发突然或对方不按套路出牌，我又会不知所措，羞愧难当。刚建立起的一点自信就轻易崩塌，这种过山车似的反复起落让我疲惫不堪。

时间久了，高强度的“E人计划”让我日渐厌倦，每天都需要很久才能恢复能量。我发现，“E人面具”能够遮掩我的不安，但无法根治我内心的“社恐”。可能对外倾型人格来说，这样的社交生活像呼吸一般自然，但对我来说，这只是一场用知识堆积起来的表演。

此时，我清楚地认识到，自己既不满足于内向的自我，也不适应外向的伪装。

在这样的困境中，我该如何是好？就像迷失在巨大的迷宫中，我感到迷茫而无助。

03. 摘下面具，让真实的自我自由呼吸

本质上，无论是职场沟通，还是亲密关系、原生家庭方面，好的社交都离不开对人的了解。在学习如何社交的过程中，我自然而然地接触到了心理学，这才明白问题出在哪里。

原来，“E人计划”就像学武只学招式而不学内功，从一开始就注定会失败。与其说我羡慕的是外倾型人格对社交的信手拈来，倒不如说我羡慕的是那种松弛、敢于自我暴露和换位思考的能力。这种能力是装不出来的，只能靠自己去修。

于是，我开始对自己产生好奇，想要了解更多：内倾型人格是先天的还是后天的？它真的可以改变吗？为什么改变会让我如此疲惫？为什么内倾型人格总在内耗？当恐惧和焦虑情绪来袭时，内倾型人格该如何应对……感谢我的内倾属性，让我有很多

宝贵的独处时间来慢慢了解自己，像剥洋葱一般层层深入，最终发现一个新世界。

穿梭在不同书籍和讲座中，我与各色背景的朋友在心理兴趣小组和工作坊中分享交流，考取了国家三级心理咨询师证。像软件工程师对旧系统进行更新升级一般，我运用所学所悟，逐步修复自我。

第一步，发掘自我，认清现状。像一位细心的考古学家，我通过时刻觉察自己的情绪、感受、想法，来梳理并记录自己的行为模式、信念和需求，逐步揭示内在世界。我发现自己原来是这样的：对于洗面奶错当牙膏这样的小错误，我都会自我批评，并上升到“一无是处”的高度；总觉得自己的优点不够多，缺点数不完；总担心自己的言行会惹别人不高兴……为了得到别人的认可，我成了一个“好人”，也成了一个“假人”，每天都过得小心翼翼，如履薄冰。

第二步，修复自我，扭转心态。每年万余字的自我分析笔记，让我清楚地看到了内心的回肠九转和千疮百孔。于是，当我又开始陷入情绪旋涡时，会及时叫停；当我又想习惯性逃避时，会把对未知的恐惧转化为对全新体验的好奇。我试着爱自己，呈现真实的自我，不再强求对人对己都是“应该有的”模样，开始真正放松下来，压力也变小了。

第三步，放下自我，转换视角。接纳自己后，就像“你真的冷”和“你妈觉得你冷”的区别，我慢慢学会站在别人的角度思考，不再从自己的单一角度去揣测别人。有时自认为的“对你好”只是自我感动，却给对方徒增烦恼。别人的冷脸和坏情绪可能只是因为他今天遇到糟心事，表面牵连到你，实则与你毫无瓜葛……这些认识都让我不再轻易地将他人的情绪归咎于自己，把内耗“外包”出去。

这时，再回头看“E人计划”，我才明白：为I做E，是一种内化的自卑。面具可以保护你一时，但真实能让你自由一世。我们不需要改变自己本来的性格特质去刻意社交，外倾型人格可以是热情洋溢的小太阳，内倾型人格也可以是润物无声的春雨。

04. 真正的幸福，是做不完美的自己

神奇的是，自从我学会了拥抱自己的内倾型人格，表里如一地活着，反而能更自如地与他人交流。

我的社交方式升级了，能看到别人的真实需要。从前，我只顾演一个“好人”，只会把同样的相处方式套用于所有人，却从没考虑到每个人的不同性格和状态下都有不同的需求。有时，一个沉默的拥抱胜过千言万语，一句“我懂你”胜过喋喋不休的鸡汤和道理。

我的社交效率提升了，敢于直白表达需求。在撕毁人设，放弃精准的表达、刻意的幽默、不冒犯的词语和毫无个性的观点后，我将深藏已久的顾忌和欲望沐浴在阳光之下。从时刻关注

“这样说别人会怎么看我”到“我想要什么，我该怎么说”；从害怕被拒绝所以不敢直说，到接受“被拒绝”的可能性，我不再瞻前顾后，心口不一。

我的社交心态更松弛了，在独处与社交之间找到平衡点。当紧张感来袭，我允许自己感受这份紧张；内心有话要说，我便畅所欲言；想保持沉默，我便安静地倾听。我不再因为别人对我提出异议而生气害怕，也敢于提出自己不同的看法。因为我知道，这不是挑战或冒犯，而是一种交流。我不再自责于“如果当时这么说就好了”，一旦说出口，便是过去，但未来有的是机会。我敢于与朋友开一些无害的玩笑，这并没有给友谊减分，反而拉近了我们的距离。当我能坦然接纳自己的阴暗面时，也更能宽容和理解他人，减少怨天尤人。

虽然我依旧不完美，依旧有烦恼，但能舒舒服服地做自己，这样真好。

如果你也像我一样，经历着内倾型人格的苦恼，我想对你说：

不要害怕，不要自我否定。去行动，去尝试，迈出第一步，从对自己真诚友善开始。”

社交并不是一个人价值的全部，性格也没有高低之分，我们只需要了解它，再为它找到适合发挥的领域和方式。有些错犯了就犯了，接受它，多给自己一些时间和耐心，做不好也没关系。

你无须逼自己成为一个不像自己的人。面具可以让我们融入人群，但真实的自我才使我们无可替代。当你接纳自己时，你就会明白，“社恐”是精心包装的礼物，它提醒我们放下对自己的高要求和对别人的高期待，最终达到一种既能展现真实自我，又能与外界和谐相处的状态。所以，就允许你的“社恐”在心中的沃土上自然生长吧！

秋晔

一直向前走，天总会亮

毕业于山东师范大学新闻系
自由撰稿人

作家村上春树曾说过：“当你经历过一些事情的时候，眼前的风景，已经和从前的不一样了。”

这句话和我的人生经历特别像，从大专毕业到50岁退休，25年的从业经历丰富了我的职业生涯，虽然不是一帆风顺，但却让我羽翼渐丰，从容淡定地走过人生最美好的阶段。我深信一直向前走，天总会亮。这句话像启明星一样指引着我一路向前。现在的我虽然赋闲在家，是一名自由职业者，没有财务与工作的压力，有时间会品品茶写点文章，但回想过去的时光，我想说的话却有很多。

01. 不断学习，提升自己

25岁那年，经朋友介绍，我来到一家IT公司应聘，这是一家初创公司，加上老板才五六个人，虽然工资只有上一份合资企业销售工作的五分之一，但我感觉互联网是一个新兴的产业，很想投身到这份事业中来。虽然没有计算机行业的从业经验，但凭借之前的销售工作经历和自身的形象气质，我应聘成功。我从内勤开始做起，通过不断学习来提升自己，丰富自己的计算机知识和管理经验，两年时间成长为行政部经理。与此同时，公司也不断地壮大，成为行业内小有名气的IT企业。

其间公司为打造对外形象，建设了自己的网站，需要编辑发布网站信息，对于经管专业的我来说这又是一次不小的挑战。虽然上学时我写的作文经常被老师当作范文来读，高中也做过两年语文课代表，但专业的文字编辑和宣传稿的撰写对我而言还是心有余而力不足。写新闻稿和高中作文是完全不同的。为了提升自己的专业技能，我报考了山东师范大学新闻系的新闻专业，通过函授学习专业知识，边学边干，逐渐胜任了这份工作。此外，我还多次报名参加专业写作培训课程，学习了新闻写作、宣传策划和文案策划等相关知识。通过不断学习和实践，我的写作水平得到了显著提升，网站的内容质量和影响力也逐步提高。我们部门维护的网站也多次获得“优秀网站”的称号。通过这次经历，我尝到了不断学习的甜头。学无止境，不论什么年龄都需要用知识来武装自己，提升自己。

在我的带动下，我们部门被打造成学习型团队，每位成员都参加了继续教育，在不耽误工作的情况下，多充实丰富自己，这样在之后的职业生涯中可以从容应对，主动选择自己喜欢的工作。

02. 勇于接受挑战，不断突破自己

时间如白驹过隙，工作一晃10年，我的职业生涯遇到瓶颈期，产生了职业倦怠感，每天都提不起精神。就在此时，公司打

算承担一个客服运营项目，因为之前没有运营此类项目的经验，领导们为谁来做团队负责人而发愁。我感谢我的两位领导，慧眼识人，推荐我做项目负责人。虽然没有任何行业经验，心里像打鼓一样七上八下，但我还是临危上任，接下了这个烫手山芋。虽然女性在生活和工作有冲突的时候难以取舍，但我深知35岁能有一次跨行的机会很难得，我很珍惜这个机会，不会轻易言败。从最初的人才招募到行业知识的学习和培训，再到团队建设，业务打磨与精进，我和团队成员一起努力，三年磨一剑，获得了行业最高奖项——全国最佳客户联络中心奖，得到了上级主管部门的认可。这期间的酸甜苦辣，个中滋味，只有经历过的人才能体会。

2015年，公众号开始兴起，没有做过自媒体的我又开始蠢蠢欲动，尝试将这个新鲜事物结合到工作中来。我利用业余时间，自己学习自媒体相关知识，从申请授权到账号命名，每一篇文章的选材、每一张图片的选取，我都亲力亲为，不断学习优化，5年时间，公众号从寂寂无名到在行业中有了名气。无意间又开创了行业内第一个公众号，在对外宣传和客户服务工作中起到了良好的作用。之后，我还打造了在线客服功能，提高了工作效率，拓展了服务渠道。这些经历让我深刻地认识到，只有不断挑战自己，才能实现自我突破。

每一个机会都不会等人，只有我们自己去发现，去抓住机会，才可以乘风破浪，不惧未来。

03. 保持乐观心态，积极面对人生

在运营部门的10年期间，除去日常管理工作，最多的工作内容就是写各种材料和业务话术。领导接待稿、业务审核稿、费用申请材料等，我的文字功底又派上了用场。就拿业务话术来说，不仅要表达严谨，还要考虑客户的需求和感受，一个词用不好就会招致投诉。我和我的业务团队几乎每天都在不断地优化业务话术，从业10年保持了无省内重大投诉的优秀业绩。有时上级单位一个电话，我们就要准备相关稿件，这对写作的效率要求非常高，训练系统写作的能力在此时就非常重要。首先，要清楚写作的目的，要写多少内容，作用是什么，大概写成什么样子。其次，要找素材。再次，要搭建一个框架，确定写几部分内容，每一部分的关系是什么，如何展开来写。最后，要展开修饰和完善，让文章的语言更简单明了，有感染力。如果是说明材料，还要用图表和图形来展示说明，这样会更有说服力。我一般会在报告、分析材料中适当地加入数据的展示和分析，这样会显得专业，也会给文章增色不少。在写年终总结等文章时，为增加可读性，可以增加一些金句，如诗词、名言等，让读者读起来不至于太枯燥。当然这些素材要注意在日常生活中积累。看书的时候可以记下不错的句子和出处。所谓“腹有诗书气自华”，多学习阅读，多练习写作，就可以做到下笔如有神。

在我的职业生涯中，曾遇到过很多困难和挫折，但我始终坚信，只要保持乐观的心态，积极面对，总会找到解决问题的方法。这种乐观的心态也让我在退休后的人生中更加从容地面对各种挑战和变化。

人生不会总是一帆风顺，2021年由于积劳成疾，我的身体状况出了点问题，不能再从事压力太大的工作，考虑再三，我决定提前退休回家休养。自学中医并考取了医学学士学位，利用两三年的时间调理了身体。其间我参加了不少公益活动，运营了几个公益性质的公众号，每天没有什么压力，心情也好了起来。

04. 用写作与人沟通

我感觉人活着最大的乐趣就是体验世界的不同，从事了这么多份工作，最后我发现自己最大的爱好及优势就是写作。在为社区图书馆做公众号的同时，我不断阅读和学习，考取了心理咨询师和营养师证。在保养自己身体的同时，还为有情感困惑的居民和读者解决心理问题。一位知名主编曾说过，写作是沟通心理的自由之路，我很认同这个观点。我经常在公众号上发表原创文章，如《爱的五种能力》《还是要相信自己》等。在《为爱结婚》一书的读后感中，我这样写道：“对于我们普通人而言，不管情人节怎么过，生活总要继续，人总要学着成长，滚滚红尘中的情感纠葛并不是生命的全部。把有限的生命付诸不断地学习、提高自己上，也许会收获一个更完美的人生。”这些励志的文字曾慰藉过一些寂寞孤独的心灵，起到心理辅导的作用。有几位宝妈对我说：“虽然我们都不善言谈，但都喜欢阅读，你的这些文章让我们重拾了生活的信心，重新找回了再次融入社会工作的勇气。”我深信文字的力量是无穷大的，它能击破人的心理防线，也能筑起强大的铠甲，护卫脆弱的心灵继续前行。

今年秋天，在机缘巧合之下，我参加了小鱼老师发起的快速出书项目，我想把自己的高效写作、用写作沟通、为他人树立信念的心得分享给有写作爱好，有出书梦想的朋友，我们都可以成为出过一本书的普通人，平凡但不平庸，我相信一直向前走，天总会亮。

村上春树的那句话正是我人生经历的写照，我相信，只要我们勇敢地面对挑战，不断学习，提升自己，保持乐观的心态，积极向前走，总有一天，我们不仅会看到亮丽的风景，也会成为更好的自己。

陈蕙茗

我要怒放的生命

前500强企业5年增值业务经理和10年产品经理

从0到1做成了教育、电子商务等10多个项目，为超1亿用户提供过服务

深圳南山图书馆“践书+”训练营主理人

生命，犹如含苞待放的花朵，怀揣着对阳光和雨露的渴望，静待怒放的辉煌时刻。它是大自然赋予我们最珍贵的礼物，在生命的征途中，我们难免会遭遇重重困难和挑战。然而，正因为选择了那条向上而又布满荆棘的道路，我们的生命之花才能在风雨洗礼后绽放出更耀眼的光芒。当我们回望来时路，方能自豪地说："我的生命，已然怒放。"这，便是对生命最动人的诠释。

01. 选择荆棘之路，不断磨砺自我

站在人生的十字路口，我如同渴望体验过山车刺激的旅人，内心交织着期待与恐惧。

40岁"高龄"之际，我毅然决然地离开了安稳的500强企业，怀揣着多年的增值业务经理和产品经理经验，踏上了探寻未知世界的征途，梦想再创一款爆款产品。我深知，这将是一条充满荆棘的道路，但"我要怒放生命"的信念如灯塔般照亮了我前行的方向。

然而，现实远比想象中更为残酷。两次加入创业公司，虽初露锋芒，却最终未能抵挡住市场的风雨。移动互联网的寒冬让我陷入了失业的困境，更雪上加霜的是，我还遭遇了意外的身体伤害。

身体休养半年后，我放弃了寻找公司的念头，满怀信心地踏上了创业的征途。曾以为，凭借自己多年在500强企业的增值业务经理和产品经理经验，创业之路会是一片坦途。然而，现实却像一记重锤，狠狠地敲醒了我对理想化未来的幻想。

半年间，我如饥似渴地探索了40多个产品项目，最终锁定了一个看似充满无限可能的“黑科技”项目。几位同样怀揣梦想的创始人迅速集结，新公司应运而生。我们满怀期待地联系上了一位在平台上结识的大企业客户，对方对这项技术也表现出了浓厚的兴趣，似乎成功的曙光已在不远处闪烁。

然而，好景不长，我们很快便遭遇了创业的寒冬。由于团队中技术力量的单薄，面对客户的苛刻要求显得力不从心。大范围制作样板、先行垫付材料费用、三个月后的合作悬而未决……这些接踵而至的难题像一座座大山，压得我们喘不过气来。更糟糕的是，团队内部的合作关系在重压之下也开始出现裂痕，最终导致了团队的分崩离析。

那一刻，我仿佛从过山车的顶端跌入了深渊，对未来充满了迷茫与恐惧。但正是这条布满荆棘的道路，让我在逆境中得到了前所未有的磨砺与成长。

02. 向内求索，穿越风雨的洗礼

面对创业路上的重重困难，深夜痛哭过的我，没有抱怨，选择了向内求索，不断寻找自我突破的路径。在拆书帮、得到高研院等学习型组织中，我如饥似渴地吸收着知识的养分，将所学与自身经历紧密结合，不断反思与改进。

在拆书帮学习时，我潜心钻研每一本创业书籍，将其中的知识与自己的创业经历紧密结合。例如，当读到有关创业的书籍时，我会细致剖析自己创业项目中的商业模式和抓手，找出其不足之处，并尝试运用书中的方法加以改进。

我领悟到，创业应选择自己熟悉且热爱的领域，于是将目光投向了教育领域，试图通过投资教育产品实现新的突破。正当我准备进一步洽谈时，疫情这只“黑天鹅”突然降临，学校纷纷停课，项目也被迫中止。

经历了这些挫折后，我深切体会到一个互联网产品经理融入传统行业的艰难。作为单干个体，我面临着资金短缺、缺乏有效抓手、满身技艺无处施展等三大痛点。外部环境固然重要，但关键问题还是在于自身。“打铁必须自身硬”，过去偷的懒，如今必须加倍偿还。

我积极参与学习型组织的活动，与其他成员交流创业心得。在与他们的交流中，我收获了许多新颖的想法和宝贵的建议。有一位小伙伴，基于他过去在麦肯锡的工作经验，自主研发了谈判课程，并招募学员。受此启发，我决定将自己学到的拆书方法结合过往的实践经验打造成产品，解决资金短缺、无抓手的问题。

于是，我拖着正在康复的受伤的腿，不断逼迫自己勇敢地走上台做分享，努力进行拆书晋级。每一次分享，我都精心准备，力求做到脱稿。前八关，我基本上都能一次通过，然而到了3-3这个最后级别，却格外艰难。

当又一次收到未通过通知时，我的内心沮丧到了极点。我以为是期待已久的怒放的生命，迎来的却是百般折磨我的生活，是被人质疑的日子。算了，不拆了，即便成了三级拆书家，又能怎样呢？

夜晚，无数次否定自己；但到了清晨，我的斗志又被点燃，爬起来准备另一个拆书稿。反正已经交了会费，让大家再为我服务一次又有何妨？我要霸占这个舞台，直到通过为止。

同时，我为自己定了明确的目标：每月至少分享一次，积极参与得到读书会、人人都是产品经理等平台分享。这一年我写了一年的复盘日志，反思自己创业、学习、见人的感悟。最终我成为三级拆书家，得到读书会的金牌讲书人、打磨官。

这段经历让我深刻认识到，成长往往伴随着痛苦，但正是这些挑战塑造了更为强大的自我。唯有向内求索，才能穿越风雨的洗礼，反思自己的行为和决策，从中吸取经验教训，迎接光明时刻。

03. 坚持后的惊喜，生命的宝贵馈赠

曙光，往往在你咬牙坚持之后悄然降临。庆幸的是，在向内求索之后，我的职业迎来了转机，未来的可能性也在不断拓展。

疫情期间，大家都闲了下来，而我却忙碌不已。

我创建了自己的阅读&写作训练营，期望将学到的拆书方法传授给更多渴望成长的学生。此前，我曾帮助朋友的小孩提高过作文水平，疫情期间，我在得到家长圈进行写作分享时，被一位妈妈看到，她很希望孩子能上我的作文网课。于是，我开始自行制作写作课程，并开办了周一到周五的在线训练营。

在课堂上，我组织了小记者答问环节，让学生们对阅读某本书的同学进行提问，并由其回答。孩子们非常喜爱这个环节，这既确保了他们不会偷懒，又促使他们阅读，倒逼自己输出。这些学生原本不爱看书，但在我的影响下，逐渐爱上了阅读和写作。第一期招收了10名学生，后来他们都连续上了好几期。

与此同时，我还马不停蹄地研发出针对成人的阅读&写作训练营，主要讲解拆书法。针对成年人的特点，我采用每天10分钟的课程搭配小作文的方式，将拆书方法迁移到复述、复盘、行动规划等能力上，让他们懂得如何将其运用到阅读、工作和生活中。

除此之外，我也去一些优秀的训练营“偷师”，浸泡式学习教练技能。我开启了4年拆书辅导生涯，担任多家500强企业的拆书教练，徒弟30多人，辅导学员1000多人，反馈作业和审核逐字稿成品3000余篇。在这个过程中，我领悟到许多，学会用用户思维营造小团队的氛围，让学员在学习过程中感受到成长的快乐。

通过不懈努力，我逐渐明晰了自己与这个真实世界交互的成长模式，以自己为知识产品，不断精进，不断迭代。

感谢那个未曾放弃的自己，虽然与在平台的待遇相比，我的金钱收获仍然不足，但这份在困难面前的不放弃，以及逆境对我的磨砺，才是生命最美好的模样。

04. 追求怒放的生命，回馈生命的最酷方式

成为拆书家后，我最大的收获是每年都有不同的学习方向，并且努力做到了。去年（2023年）我花一年时间浸泡式担任各种训练营教练，掌握商业教练的交付技能。今年（2024年）我的方向是沉浸式打磨知识产品，为更多的知识IP服务。

在拆书的岁月里，我还学会了多角度拆解问题，从书籍、实践、优秀榜样、影视作品中汲取智慧，这已成为我的习惯，滋养着我的心态，激发着我的能量。

我也找到了使命，以拆书为核心，不断提升自己的输出、课程交付和解决问题的能力，担任商业教练、培训讲师及产品顾问。

我迎来了首位客户——高维学堂，一个寻求拆解商业书籍的创业平台。我拆解的《影响力》一书，赢得了客户的高度满意，为我打开了内容输出的新天地。随着合作的深入，我在疫情期间为高维学堂整理直播内容、梳理课程内容，甚至参与公众号运营，不断拓宽服务领域。

我将产品思维和用户思维融入服务，深入理解客户需求，为

客户量身定制拆书方案和产品服务解决方案，确保他们能获得最大价值。当我走进一家家企业，看到企业成员通过拆书提升学习力、达成团队共识，通过产品咨询丰富运营策略和打法，那是我的生命之花悄然绽放的时刻。

今年，我还实现了在图书馆授课的梦想，与南山图书馆合作，以“以行践书，筑梦向前”为理念，为读者带来9期“践书+”训练营的拆书大课。

在创业路上，我坚信提供真正价值是成功的关键，通过拆书帮和多样化的学习平台，我不断提升专业技能，为客户提供超越期待的服务。

我的旅程仍在继续，我将致力于深耕拆书领域，探索知识的深度和广度，助力每一位渴望成长的朋友通过阅读和学习实现自我超越。同时在产品运营领域持续精进，以匠心精神为有所作为的企业提供服务，用创新的策略和执行力，为企业塑造品牌影响力。我相信，勇敢面对挑战，积极寻找解决方案，每个人都能在自己人生的舞台上绽放光彩。而当我的学生、服务的企业绽放光彩之时，也是我的生命之花怒放的时刻。

余若水

你所有的痛苦经历，都是礼物

终身学习者、阅读教练

金钱关系咨询师、中式心学导师

梦想身形健康管理学院膳康大使

一个1997年出生在农村家庭的女孩，面对父母的长年争吵深感内疚，经历过情感PUA、暴食症、负债等。这一切没有压垮我，反而成为我成长中的垫脚石。我不仅和抑郁症愉快地相处，也成为想要自愈的伙伴生命中的一束光。

01. 我的原生家庭

妈妈常说“要不是你，我早就不在这个世界了。”“女孩子要是不会做家务，以后结婚就会被人打。”“你要是考不上大学，我的人生也就毁了。”……爸爸常说“别人家谁谁谁考上了什么大学。”“我就你一个女儿从小把你当男孩子养！”“要不是为了养你，我就不会受这样的苦。”……我的家庭，除了父母的争吵，就是无休止的冷战。而我，是天生抑郁质类型的孩子，面对这样的生长环境，我承受了很多委屈，每次面对父母我的内心只有深深的内疚感和无助感。

小时候我觉得，只要我听父母的话就不会挨打，面对父母的早出晚归，7岁的我就已经自学做饭，一开始做得很糟糕，还记得拿电饭锅把面条煮成面糊糊。妈妈也会在不忙的时候教我做饭，在做饭这方面，我还是能够讨父母的欢心的，这也让我受益终身。

到了青春期，我内心的叛逆升起，洗碗时把盘子声音弄响了就要挨骂。还记得和妈妈闹情绪，把自己反锁在卧室里，爸爸直接把卧室门砸开喊我去吃饭，当时我特别害怕，含着泪吃完了饭，嗓子和胃都很难受。在我的家里我只能无声地哭，哭出声会挨骂，甚至挨打，于是我的胃总是出现各种问题，有情绪时，我会吃很多很多，来让自己感觉到安全。到后来才知道，那是暴食症的表现，胃是情绪器官。

那时，我只有好成绩才能讨父母开心，所以在学习方面我特别努力。在初二之前我的学习成绩名列前茅，但只要成绩下滑我就很焦虑。记得14岁那年，一天，我在教室里胃痛，晕倒，同学和老师送我去医院。那一天我晕倒5次，最后一次晕倒是因为胃部大出血。医生也没有查出出血的原因，只记得从那次开始，我才感觉到爸爸的爱，妈妈才开始照顾我的学习和生活。

生病之前，爸妈周末会从县城接我回家，平时就是我自己在租的房子里，照顾自己的一日三餐以及学习。妈妈对我的照顾一开始让我觉得很温暖，可她内心有很多创伤，不停地抱怨生活，让我的情绪承受了更大的压力。妈妈想尽办法给我做好吃的，让上高中的我成了一个小胖子。

不知道有多少人考大学的目的是想逃离原生家庭，总之，我是很想逃离的。一个人越是想着负面的事物，就如同深陷泥潭一样越陷越深。青春期除了内心叛逆，也会生发朦胧的情愫，尤其是内心缺爱的人更容易陷入其中。

高中时的我处于重度抑郁的状态，经常会自残，把头往墙上撞，用刀划胳膊……笔墨有限暂不展开。唯一支撑我的，是我那些年读的课外书。阅读，带给我很大的力量，支撑着我勇敢地活着——我被特蕾莎修女守护和平的精神所感染，在《钢铁是怎样炼成的》中学会了坚强。

02. 外求是短暂的，内求才能获得力量

原以为山的那边是海，原以为逃离了原生家庭，我就可以获得爱和幸福，可好不容易踩着本科线上了大学，我却在一段感情中迷失了自我。在这段感情中我没有感受到爱，却一脚踏进了欺骗以及道德绑架里，而且这一绑就是3年。前任隐瞒已婚的事实欺骗我的感情，不断地给我植入一些观念："除了我，没有人会对你这么好！""你看你的父母都那样对你，只有我对你好。"……

只因内心有深深的恐惧，明明发现被欺骗，也不敢离开，直到前任离婚后，对我的道德绑架更深。他离婚的原因和我无关，就算没有认识我，他也会离婚。当然，他也没有真正对我付出过感情。记得每次去饭店吃饭时，他问我要吃什么，结果我选的他都说不好吃，就只选自己喜欢的，而傻白甜的我还以为是自己没见过世面，选择的东西真的不好吃。

我的抑郁症自愈之路，源于我在2019年开启了向上成长的

旅程。

第一站是叶小鱼老师的文案变现训练营。听课的过程可以感受到小鱼老师的亲切，写完作业也能受到鼓励，还有全卡的颁奖和同学们一起学习的体验。这些，对我这个抑郁宝宝来说，非常友好。团体学习，给我的生命中照进一束光。文案训练营的学习，让我从文案小白到优秀毕业生，并且担任了一段时间文案训练营的班委。有事做了，对前任也忽略了，他会一次性给我打十几个电话，而我的好习惯是手机静音，但还是避免不了情绪的严重波动，后面也就退出了文案班委旅程。

第二站是晓姐姐的人本主义心理学学习，这使我更加理解我的爸妈，而且我也学会了转念，我的成长也在不断突破。在学习的过程中，我也和咨询师们一起去赋能很多需要帮助的人。学习的4年时间里，我带了300余个社群，累计赋能人数达到5000余人，助人的过程，让我感觉特别幸福。

学习过心理学的人都能明白，想要成长为一名资深的心理咨询师，需要不断地投入费用和精力。而我，在上大二时，就遭受信用卡被骗，以及对爸妈深深的愧疚没有消除，想要急于求成挣点钱减轻他们的经济负担，踩了一个又一个坑，最终负债累累。

好在，在心理学的学习中，我勇敢地和前任分手。当然，分手过程也很艰难，他纠缠不放，甚至拍我身份证，拿我父母的安全威胁我……这样纠缠了大半年，直到疫情大部分人不能出门，我才终于与他断绝关系。

第三站是吴迪老师的健康饮食营学习。通过学习，3个月我瘦了15斤，而且我的体质也更好了。曾经的我一吹空调就感冒好几个月，现在的我在深圳吹空调一年多几乎没有感冒，我感觉没有什么比身体健康更幸福的了。在健康饮食的过程中，体重一周能掉一两斤，使我真正体验到了“慢就是快”，凡事不能急于求成。

学习的旅程不止这些，学得太多也容易陷入迷茫。2022年底，我结婚了；2023年初，我和我的先生来到深圳，在新的城市开始新的生活。这一年，我拿到了阅读教练证书，在一日三餐中练习活在当下，坚持每天听冥想音乐，内心更安宁了，睡眠也更好了。

我不再向外求，我知道我需要的不是别人的看见和认可，我需要的是我自己的看见和认可，我需要的是爱自己。在这个过程中，抑郁情绪会来，我能够在最短的时间和它和平相处，不抗拒时，就治愈了。

03. 成为一束光，照亮更多人

2024年，我和几个阅读教练一起带读书会，当学员知道我学过心理学以后，遇到一些需要求助的事情，会第一时间找到我。我耐心地聆听，深度地陪伴，当她们内心慢慢有力量时，会非常感激我。

深度陪伴这件事，我一直在做。我陪伴一位重度抑郁被父母送医院的伙伴至今已经5年，她目前也结婚了，过得很幸福；陪伴一位客户勇敢地摆脱渣男，学会向内求，爱自己，追求她想要的生活；陪伴一位男士，看见他对妻子造成的伤害，帮助他改变自己，承担责任。

正因为自己淋过雨，我才想为别人撑一把伞。在知识付费的旅程中，我也当过绿油油的韭菜……我知道很多人，像曾经的我一样向外抓取，想着抓住某个机遇，就能实现人生的翻盘。事实上，当我们内在匮乏时，越是向外抓取，就越容易踩坑。

在成长的道路上，我并没有停止步伐。今年，我拿到了金钱关系咨询师认证以及中式心学导师认证，我知道只有不断成长，才能深度陪伴每一个想要自愈的生命。

所有的痛苦经历都是礼物。与原生家庭和解的过程很痛苦，我看见了很多父母的内心还住着受伤的内在小孩，我深深地理解我的父母，开始尊重和包容他们；从小身体很弱的我很痛苦，当掌握了健康饮食的方法，现在身体非常健康，也走在传播健康饮食的路上；对财富的渴望和恐惧交织中我很痛苦，我急于求成经历几年负债，学会了脚踏实地以及突破财富卡点。

在我的抑郁症自愈的过程中，我主要采用了以下有效的方法：

1.学会求助。很多人不敢求助，很难走出抑郁。求助的原则是求助本身就是正能量的人，不要陷入负能量。

2.健康饮食。抑郁也是生理方面快乐多巴胺的缺乏，可以多补充蛋白质和铁以及新鲜的蔬菜。

3.坚持冥想。冥想可以让你的大脑安静下来，不再制造焦虑和恐慌。

4.坚持阅读。多阅读经典名著，增长智慧，智慧的增长足够时，抑郁自然会减弱。

5.团体学习。团体学习更加有力量，彼此赋能，更容易坚持。

6.培养兴趣。体验沉浸于兴趣爱好中的快乐。比如，我喜欢做美食，在这个过程中体验快乐，当快乐体验得足够多时，痛苦自然会减少。

7.亲近自然。大自然有天然的治愈力，你可以听鸟儿叫，闻青草和花香的味道，也可以享受绿色的视觉盛宴。

8.书写疗愈。写自我肯定清单，写感恩日记，写宣泄情绪的日记等，只要这个过程你的情绪在流动，就是最好的状态。

如果你愿意，也可以连接我，我会把自己的成长故事写到公众号——余若水的心灵港湾，用温暖的文字为你赋能，我愿意成为你的树洞，陪伴你走出情感创伤；我愿意给你温暖，为大家提供团体学习空间。

亲爱的曾璐

蛰伏的岁月，希望在前方

地产策划总监

品牌文案顾问

“亲爱的”婚恋品牌主理人

多年以后，面对岁月静好，我将回想起这段迷茫无助的日日夜夜。

01. 一帆风顺，熬夜打拼的日子都是甜的

2007年，我广告策划专业毕业后，铆足了一身劲儿，投入房地产行业。从一个小小的文案，到文案专职、创意总监助理，再到总监。这一路我走了15年，也走得很顺，回忆起熬夜加班都是甜的。因为只需要好好工作、埋头苦干、服务好开发商，就会有回报。

从4A广告公司，到首开地产、招商地产、中铁集团等大佬级别的开发商，我见识了房地产这个行业辉煌的一面，很幸运没有碰到过烂尾楼和无礼开发商。我的眼里都是努力工作的人，职场上也没有钩心斗角。

我去过广州、深圳等大城市，也到过千亩大盘、地产遍地开花的贵阳。这个行业住宅、别墅、商场、综合体等所有的物业，我的工作都接触过，听过无数个开发商对我的肯定，如特建发集团总经理的谬赞："这是我见过最专业的策划。"我带过的团队做过无数个日光盘和小时盘的项目，如果不是因为后来的事情，我不会相信自己有一天在这个行业门口徘徊。

02. 努力用尽，依然避免不了断崖失败

事业有成，我把这一切的功劳归功于时代，这十几年我只是吃了时代的红利。

或许是因为前十几年太顺了，不曾想到困难和挑战都在后面等着我。

大家都知道，这几年地产行业的变化。地产的接连爆雷影响到了每一个从业者，这两年我经历过10多次降薪，低到随便找一份工作都能满足的薪资。

现在我和朋友一起接了一个小项目的营销代理，因为项目优势不明显，我们在挣扎，在纠结。所有的营销手段都用过，可业绩还是不尽如人意，有的时候周来访为个位数，月来访为两位数，成交周期拉得更长。所以经常凌晨收到开发商问责业绩，也就见怪不怪了，压力大到失眠掉发。也许我们是不明智的，在这种行情下接代理，拿着好不容易存下的积蓄放手一搏，眼看钱烧得所剩不多。但我们还是没有放弃，因为我不舍得在这个行业最落寞的时代中途退场。

03. 重新出发，曙光在前方

因为小孩读书的原因，我不能再像以前那样到处奔波，只能

踏实待在一个城市。

焦虑、内耗、煎熬等负面情绪每天无不在影响着我，我知道我必须自救。

于是，我在网上不停地报各种课程，尝试各种赛道。6800元的社群打造课、7299元的优势训练课、12800元的地产转型课……我都试了，每天很忙，但是更乱了，我更找不到方向了。

最终，我决定屏蔽一切跟工作有关的信息，回归生活。

我偶尔刷到江映蓉从海南骑行到上海的视频，于是我在附近搜索了一个自行车店，立马定制了一辆自己的山地车。拿到车的第二天，凌晨5点从深圳出发，骑行回江西。经过东莞—惠州—河源—赣州—吉安，12月从广东的温暖到江西的刺骨寒冷，全程640多公里，我没有一点犹豫，说走就走。

我还报了自己一直想学的游泳课、烘焙课、摄影课……我把自己变得尽量靠近生活。这期间，我无数次回忆起曾经地产的辉煌，要是地产能回暖该有多好，但我知道我需要在其他赛道重新开始。坚守地产的同时，靠以前累积的人脉，我还在帮餐饮、建材、护肤品、美容院等行业做品牌文案的顾问工作。

目前，我在吉安开了一家婚恋公司，取名“亲爱的”。我喜欢这个名字，能给人带来甜蜜，也能拉近距离，目前的会员也达到小一百个。这个全新的行业，让我对人生有了新的了解，给了我希望和更多可能性。希望我的会员们在我的促成下，能一直幸福下去，百年好合永永远远。愿每个人都有一个“亲爱的”TA！

韩冰

把自己活成一件作品

硕士毕业于中国科学院大学

信息系统项目管理师（高级）

拥有10年互联网大厂经验、证券从业资格证、自己的专利

用户增长产品专家

热衷于新鲜事物

终身学习践行者

当一个生命呱呱坠地，它不仅带来了新希望，也开启了一段无限可能的旅程。在人生这张宽广的白纸上，每个人都在用心勾勒自己的轨迹，绘制一幅独一无二的画卷。然而，时光如同白驹过隙，转瞬即逝。在面对生活中的种种诱惑时，我们如何珍惜余生，这是一个值得我们深思熟虑、谨慎对待的问题。也许有一天，当我们年老体衰，坐在午后的摇椅上，我们可以带着满足的心情回顾自己的一生，欣赏那些尽管有遗憾却无悔恨的作品。尽管曾经历风雨，但我们终究见到了彩虹；尽管曾遭遇荆棘，但我们终究闻到了花香。人生如此，岂不是一种幸福？也许在那个时候，我们会对现在的自己说：“愿你能够把握当下，用心雕琢自己的每一天。”

01. 黑暗不属于我，我只是穿越了它

我出生在一个五六线的小县城，家族世代以农耕为生。在我童年的记忆里，父母总是忙于农活，从早到晚辛勤劳作。而我和哥哥则常常在奶奶的院子里度过时光，聆听她与邻居们闲聊家常，那些无忧无虑的日子构成了我美好的童年回忆。奶奶不识字，但即便如此，奶奶凭借坚强的意志，将几本经书翻阅至破

旧，并将其中的内容牢记于心。每当小学放学，我回到奶奶家，她总会拿出经书，指着书中的文字询问我如何朗读。我会模仿老师的样子，认真地教她：“这是‘南’，南海老母的‘南’，nán（南），您记住了吗？”奶奶会立刻重复五六遍，然后从她手工缝制的纸匣子里拿出一块饼干递给我，并叮嘱我：“好好学习，不识字就什么都做不了。”

随着我进入寄宿高中，我接触到了许多新奇的事物，如网吧、CS游戏、古惑仔系列电影等，逐渐将奶奶的教诲抛诸脑后。叛逆期的到来，让我变得盲目自信，以为仅凭考前的临时抱佛脚就能取得好成绩，无须平时的努力。夜晚，我常常与朋友们外出去网吧熬通宵，白天则在课堂上昏昏欲睡。成绩的下滑并未给我敲响警钟，反而让我陷入了自我催眠的状态：学习似乎并不是那么重要，社会上的成功更多依赖个人能力。就这样，我浑浑噩噩地度过了高一和高二。

直到高二期末考试后，老师不仅公布了全班的成绩排名，还公布了上一年高考的本科和专科录取分数线。当我看到自己的成绩单和排名时，我仿佛被钉在了座位上，动弹不得。我的成绩糟糕到连专科都难以企及，更不用说本科了。我不断地自问：如果考不上大学，我能做什么？我会做什么？我应该做什么？这些问题让我下定决心，要在接下来的一年里全力以赴，迎头赶上。我为每个科目设定了目标：语文110分、数学100分、英语110分……

有了目标，我便开始制订学习计划，决心在每个关键节点完成特定的学习任务。计划虽然看似完美，但过去几年养成的坏习惯带来的巨大惯性，让我在放弃与努力之间不断挣扎。我感到自己的心态开始变得“崩溃”和“破碎”。高三的每次摸底考试后，我都感觉自己在“刮彩票”，因为我不知道自己的分数是否有所提高，我的努力是否有效。然而，每次成绩的公布都给我带来了巨大的失望，我的分数并没有因为我的努力而有所改变。我开始感到迷茫，认为我的努力毫无意义。在成绩不满意时，我甚至会翻墙去网吧放纵一整晚，第二天一早再悄悄回到学校。这样的生活让我的成绩没有任何起色。我像阿Q一样自我安慰：等到高考那天，我会给你们一个惊喜。然后，我会拿起试卷，开始认真做题。

然而，我的努力并没有带来奇迹。高考成绩公布后，父母把我关在房间里，严厉地斥责我：“373分！你就考这么点分数？考不上学你能做什么……种地？”我没有反驳，只是静静地站在那里，仿佛灵魂已经飘到了另一个世界。当我的灵魂重新回到身体，我想起了奶奶小时候对我说的话：“我们家要出一个大学生，你要好好学。”于是，我毅然决定复读。第二年的高考成绩是491分。第三年，尽管我的成绩仍然没有太大起色，始终距离本科线10~20分，但我遇到了两位好老师，一位化学老师，一位英语老师。化学老师告诉我：“你的底子太薄了，今年跟我学一年，我会帮你补齐。”英语老师也鼓励我：“你的做题速度还是太慢，我们会用一年的时间提高你的做题速度。”他们的鼓励让我深受感动，我不断激励自己，希望我的努力能够得到回报。

我清楚地记得，在最后一次摸底考试后，我回到家里，和家人一起在地里干活。哥哥不经意地问我：“今年能考上吗？考不上就早点回来干农活吧。”他的话触动了我的敏感神经，我忍不住放声大哭，心中充满了无尽的辛酸和压力。我深深地责怪自己：为什么即使努力了，成绩还是无法提高？我的人生难道就注定要停留在这个小村庄吗？不，我决不接受这样的命运，我要再拼一次。我只是穿越了黑暗，这并不是我的色彩。

也许我的努力感动了上天，高考成绩公布后，我终于考上了大学。那一刻我才明白，当努力得到回报时，内心是平静的，没有激动，没有失望，就像宁静的湖水一样。我用比别人多两年的时间，打开了属于自己的大门，我的人生裂痕中渐渐透出了光芒。经历了五年高考，三年模拟，我对自己有了新的认识：认真学习，真的可以成功。

02. 不负韶华，用心雕琢属于自己的作品

大学，只是一个起点，从来不是终点。

当我踏入大学校门的那一刻，我就清楚地意识到：没有人能决定你的人生道路，只有你自己。在这四年的时光里，我决心不负韶华，不负青春。

跌倒的地方，就是长出茧子的地方。我曾因荒废学业而吃苦，因此对学习再也不敢掉以轻心。我开始认真思考，大学四年应该追求什么？我应该为自己的人生作品增添哪些色彩？首先，这个作品背后应该有着精彩的故事，而不是平淡无奇的。于是，我决定让自己的大学生活变得充实而有意义。我要做许多有意义的事情，就像《士兵突击》里的许三多一样。在学习上，我的成绩一直名列前茅，多次获得奖学金，包括国家励志奖学金；多次被评为“三好学生”，并在学术期刊上发表了文章。此外，我还积极参与各种比赛，带领团队完成项目，获得了校级挑战杯一等奖、创新创业大赛一等奖等荣誉。我还加入了河北经贸大学学生会，生物科学与工程学院学生会、励行社，并担任了院学生会副主席、励行社副主席，组织了许多学生活动，多次获得“优秀班干部”“优秀学生会干部”“优秀志愿者”等荣誉称号，并荣获2012—2013“河北经贸大学自强之星”称号。2013年夏天，我加入了中国共产党，成为一名光荣的共产党员，思想上更加靠近党组织。

然而，当我步入大四开始寻找实习工作时，我又一次感到迷茫和焦虑。我不知道自己能找到什么样的工作，也不知道自己应该找什么样的工作。幸运的是，我身边有许多良师益友，他们帮助我走出了迷茫。我们学院的杨亮老师，是学生心中最敬爱的“亮哥”，他和傅老师、闫老师一起，被我们亲切地称为“生工铁三角”。亮哥总是鼓励我们：“做人要快乐、幸福。”这两个简单的词汇背后，蕴含着深刻的人生哲理。那就是要以积极的态度面对一切，无论是顺境还是逆境，都是生活给予我们的恩赐。面对未来的不确定性，我要活在当下，保持乐观向上的心态。正如曾国藩所说："未来不迎，当时不杂，既过不恋。"人生如同品茶，需要慢慢品味；岁月就像一首歌，需要静静聆听。而我要做的，就是静下心来，精心雕琢自己的人生作品。我开始认真总结自己的经历，整理简历，并在人才市场上投递出一份份求职简历。

03. 凤凰涅槃，创造属于自己的杰作

大学四年的学习和生活，让我对未来充满信心。然而，毕业后的实习工作，却无情地将我推入社会的熔炉，我开始了一段艰难的"煎熬"时期。刚到北京实习时，我在一家咨询公司工作，每月的实习工资仅有3500元，不包括食宿。我不想再向家人要钱，但北京的房租实在太高。我向领导申请了一个临时住处，最终选择住在公司的机房。机房里布满了轰鸣的硬件设备，噪声和高温让人难以忍受。但看着自己瘪瘪的钱包，我咬紧牙关，决定住下来。那段时间，我每晚都在机器的轰鸣声中入睡，半夜常常被热醒。实习结束后，我转到另一家咨询公司，月薪4500元。那时的生活非常艰难，每晚下班后，我只能吃白水煮面条，就着咸菜充饥。我住在北京十里河附近的一个大通铺，房间里挤了40~50人，上下床铺。室友们来自各行各业，晚上听着他们的鼾

声入睡，半夜还有人洗衣服、上厕所，有时还能听到梦话……

幸运的是，在工作中我遇到了一些优秀的前辈。陈吉老师曾认真地对我说："你是一个普通的农村孩子，虽然努力考上了大学，但要想在北京扎根，就必须吃得苦、耐得烦、霸得蛮。"陈吉老师经常向我分享社科类、心理学的书籍，以及科技前沿的资讯，这拓宽了我的视野。工作经验的积累和前辈的指导，使我逐渐恢复了自信，相信自己可以在北京立足。苏格拉底曾说："未经审视的人生是不值得过的。"我开始认真审视自己的优势和不足，并制订了提升计划。在工作上，我严格要求自己，确保经过我手的每一个项目都能达到优秀标准。工作之余，我努力弥补自己的短板，报名参加了PMP（国际项目管理师）、信息系统项目管理师等课程，学习了SPSS、SAS等数据分析工具，并通过了CDA数据分析认证考试。我还参加了产品经理的培训，不断提升自己的专业能力。通过将工作中遇到的问题与学习相结合，我逐步明确了自己的核心竞争力，并勇敢地迈出了属于自己的每一步，为自己的人生作品增添了更多的色彩。

作为用户增长产品专家，我不再将功能上线视为终点，而是将其视为新的起点。每个产品功能的上线，无论是多么微小的改进，对我来说都是一个新作品的诞生。因此，我更加注重细节，以打造精品的心态去设计每一次的功能迭代和优化。当听到用户称赞某个功能时，我内心充满了成就感。正如《乐队的夏天》中所说，摇滚是最好的医美。而我认为，认真做事是产品经理最好的医美。随着产品经验的积累，我开始从更高的视角审视产品的架构，深入思考如何平衡用户需求和商业目标。在我看来，用户增长不仅仅是寻找决策资源和机会，更是通过数据化、精细化、技术化的手段，建立用户增长体系和可复用方法，系统性地提升用户全生命周期的价值，并最终为用户创造价值。

我非常喜欢一句歌词："只有滚动的石头，才能不长青苔。"生命之河永不停息，现在已毕业十年的我，通过自己的努力，在北京买了房子，并逐渐站稳了脚跟，用双手撑起了属于自己的一片天空。

"人生就像一盒巧克力，你永远不知道下一颗是什么味道。"我的作品仍在继续，我依然在路上。希望我们永远年轻，永远热泪盈眶，将自己活成一件传世佳作。

裕剑

一款名为“我”的产品的成长之旅

国际项目管理师（PMP）

毫无疑问，我们在职场成长过程中，会遇到很多不同的选择、困难或者挫折，面对这些，当下会有一类人选择用积极对抗消极、用方法解决问题；而另一类人更多是希望用陪伴对抗消极、用倾诉解决抱怨、用绕开来避让问题。而我希望我们能成为前者，因为它让我在产品经理这个岗位上走得更加笃定。

01. 职业的探索之路

我出生在一个渔村，童年充满挑战。父母常年出海，我寄居在姑姑家，上学时成留守儿童，回村后独自生活，邻居精神还有问题，这令我既恐惧又孤独。这些经历使我性格内向自卑，但内心坚韧独立。虽然环境艰难，但我努力学习，考上了高中和大学。小时候，我无力改变其他，但在学习上充满信心，努力追求自我价值和成长机会。

大学毕业后，我觉得要自己挣钱独立，面对抉择要承担后果，此时心智要比同龄人成熟得多。我对职业选择感到迷茫，不知该从事什么。参加毕业生就业培训会议后，我意识到职业生涯开局的重要性，开始思考自己的需求。我认为自己从事体力活毫无优势，科研工作也不适合，应先找能让自己“吃饱饭”且有长期发展价值的工作，于是我从互联网设计方向入手。

然而，这一切并不顺利。虽然我找到了符合预期的实习工作，但是，我碰上了个完美主义的领导，他会给我安排不同类型的任务，而我对这些不同类型的任务感到迷茫，不知道该如何下手，加上刚毕业的我还带着些书生气。同时，对于内向的我来说，自我推销和展示个人成就是一个不小的挑战，而且我也不愿意主动争取机会。完美主义的氛围给我带来莫大的心理压力。

之后，我有一个网页设计任务。一方面，是我实在理解不了这个领导的意图，所以达不到他想要的要求；另一方面，是我难以主动表达自己的想法和意见，导致信息传递不畅。就在那段时间，我递出辞呈，就这样我结束了我的第一份工作。

离开的时候，我始终相信离开是为了更好的开始。那些不同类型的任务，也确实让我得到了很好的锻炼。也许，休息一下，重新调整，可以在下一次转身的时候，把握住更好的机会。

在休息的半年时间里，我重新思考和定位。我在可以投递简历的岗位里，做了一次过滤和筛选，分别从长期和短期来看，在想做和能做之间，找到可做的岗位。渐渐地，我发现，我对产品助理/产品经理相关的岗位特别感兴趣，而且我相信我可以胜任。虽然一开始面试的时候，面对面试官的负面反馈，我的内心也会受挫，但是对于我童年经历的惶恐来说，不值一提。重要的是，如今，我已如愿地做着我想从事的产品经理相关的工作。所以，过往的一切，又算什么呢？真正想要赢的人，不会怕输。

02. 努力提升自己比努力工作更重要

以前，我确实觉得努力工作是重要的。那现在呢？知识半衰期正在日益缩短，由最早的100年逐渐缩短至当前的3年，甚至更短。很明显，仅仅努力工作是不够的。倘若想要有效地到达山顶，自己首先要有底气。于是，非科班出身的我，在从一次次的产品设计和产品升级迭代中，渐渐地上手相关的工作流程。同时，我慢慢地喜欢上了这个职业。而且，在工作中，我发现大部分工作的时间都在做跨部门的沟通，时间占比高达约50%。产品、数据、研发和测试之间的摩擦，免不了会发生。于是，我在这上面，不断调整自己。比如在进行任何形式的沟通之前，先做好充分的准备；保持开放的肢体语言，如眼神交流、微笑和适当的手势，可以传达出自信的态度；观察和学习优秀产品经理或沟通能力强的同事，分析他们的沟通策略和风格，从中寻找适合自己的方法。

渐渐地，那些我曾最害怕做的事情，现在我能习惯且能娴熟完成。同时，为了在这个职业方向上越走越远，我也必须承受学习给我带来的孤独。

在接下来的日子里，我通过不断学习和实践，意识到自己在产品经理的角色中还有很多待提升的空间。为此，我深入探索了多个关键领域，包括需求分析、需求管理、行业研究、市场调研、竞品分析、用户研究、用户体验设计、产品规划、产品原型设计、项目管理和数据分析等。这些都是我当时缺乏的能力，但通过线上的免费资源和付费课程，我逐渐掌握了做产品所需的知识、思维和方法论。例如，我学会了如何运用HMW模型识别产品问题和目标，使用KANO模型进行深入的需求分析和挖掘。同时，我通过PEST模型进行行业分析，利用波特五力模型进行企业竞争分析，运用RFM模型对用户进行精确分层。此外，我还掌握了PERT和OKR模型，以帮助我更高效地进行产品与项目管理。这些方法不仅提升了我的专业能力，也让我能够在工作中游刃有余地应对各种挑战。这些努力不仅带来了知识的积累，更为我创造了实际的经济价值。从最初的月薪3000，到如今的月薪过万，这一切都源于我对自身成长的投资和不懈努力。通过提升自己的能力，我不仅促进了职业发展，也为自己的人生增加了更多可能性。

那么，产品思维又给我带来了什么呢？在现代商业中，产品是推动增长的核心纽带，它告诉我人们为何选择购买某个产品。产品不仅是公司与消费者之间利益交换的桥梁，更是实现价值创造的关键。

因此，我坚定地相信，作为一名产品经理，持续地学习成长与自我提升是提升产品价值的基础。而作为负责经营和管理产品的我们，肩负着重要使命：通过我们的努力和勤奋，达成自身价值、公司价值与消费者价值的平衡。

03. 从功能型产品经理转向策略型产品经理

在工作了几年时间后，我发现我的日常工作主要集中在产品的具体功能实现上，执行项目计划，协调团队，确保各项任务按时完成。虽然这段经历让我在能力和项目管理上积累了丰富的经验，但我渐渐意识到，单纯关注功能并不能推动产品脱颖而出。而且，随着经验的积累，我希望在职业生涯中寻求更高的挑战，不想把自己放置在一个本身已经竞争白热化的方向。于是，就有了往策略产品经理转变的想法，因为，其通常需要更高层次的思考和决策能力，是一个相对来说壁垒比较高的发展方向。

就在那段时间里，我听到一位策略型产品经理分享他的成功经验。这让我了解到，策略是一种基于数据应用的方案；策略产品是从业务、场景出发，以数据来赋能业务的解决方案。因此，在后续的工作中，我变得积极主动且有目的地找到工作中以数据来赋能业务的场景。与此同时，我输出了一套搜索推荐内部工具，属于搜索配套能力搭建所需，这得到了上级的认可。而在此基础上，我提出了需要做一个搜索策略评估的想法。虽然，这没有得到领导的共识，但是，我从中认识到可视化策略产品、逻辑方法类策略产品和数据计算类策略产品的区别和应用。因此，我为自己踏出的每一步而感到欣慰，这是我以前不会去做的事情。

回望这段经历，工作从功能型到策略型的转变，也是思想到行动上的改变。这不仅让我在职业生涯中实现了质的飞跃，还让我意识到，在基于大数据的背景下，是通过数据打造产品的差异化和特殊性。这个转折，成为我职业生涯中最宝贵的财富，也让我更加坚定了未来继续向前迈进的信心。

如今，我在这个新角色中，始终牢记自己最初的目标：不断学习与成长，为用户创造更大的价值，以及推动公司实现更高的目标。真正的产品经理应当站在更高的视角思考产品和市场的重要性，同时还需要具备基于业务的全局视野和前瞻性思维。

04. 未来的快感来源

那未来，我还会遇见什么呢？更多时候，为了变好，应该主动出击。而过往的经验都在告诉我，从长期来看，要通过主动学习来让自己成长，而不是被动等待。

因此，我参加了公司举行的AI技能创新大赛，我希望通过这次大赛，进一步加深对AI的理解，拓展更多和AI相关的应用场景。

我很珍惜这份想要继续探索和成长的感觉。

其实，每个人本身就可以看作一款产品，好好经营一款名为“我”的产品变得尤为重要。修炼自己、成为自己、过好自己，倘若还有余力，再去关爱身边的人，便足矣。

李小玲

50 岁，开始我第二次人生

泸州老窖专营店店主

阅读推广人

《书旅生活》主理人

“五十知天命”的年纪，正遇疫情肆虐。我不同于往常的乐观，有了喜忧参半的情绪状态，意识到生命的局限和无常。我开始探寻：我是谁？我从哪里来？我要到哪里去？并让自己沉静下来，在行走、阅读和书写中疗愈自己并找到自己，期望带着“学会如何去爱”这个人生课题，开始下半生的旅程。

01. 极度自卑

七十年代初，一个充满希望与梦想的春天，我降临到“中国酒城，醉美泸州”，一个半工半农家庭的第二个女孩。爸爸阴着脸生闷气，宣告他对连续两个女孩的不满。爷爷更是连看都懒得看我一眼。

爸爸常年远在湖南铁路单位上班，是家里主要的经济来源。妈妈带三个孩子，不仅要干农活，还要当一名民办教师挣钱补贴家用，一天从早忙到晚。我一岁多时，被寄送到家境并不富裕的杨家帮忙照看。杨家世代都是农民，挣的工分勉强维持家里几口人吃饭。年龄不比我大多少的杨三姐，个子和身高可比我大许多。我用手抓吃饭，杨三姐喊爸爸，我也争抢着喊道：“是我的爸爸！”三岁多，被安排到另一杨家寄养，吃上了猪油拌饭。四岁那年春雷一声响，我家的猪便瘫痪了，我也无缘无故跌坐到土沟里就是站不起来。成天扶着一根木板凳与瘫睡的猪为伴，盼着妈妈早点放学回家；五岁那年，因弟弟的出生，家里变得热闹起来，让本就忙碌的妈妈更加疲于应付。还是我，被安排随爸爸到湖南衡阳铁路工地生活，以缓解妈妈的生活重担。我在工地生活的半年，大人们说，只听我开口说过唯一的一句话：“风把纸都吹走了！”回到老家，我在湖南生活的所见所闻，和姐姐躲到爷爷的床上，关上蚊帐，像泄洪一样以一口湖南话说了整整一个下午。

上小学后，我被妈妈追赶着也不肯去走亲戚；在放学路上遇到舅舅到我家，我转头看了一眼也不敢打招呼继续往家走；在城市里工作的二表嫂到我家做客，我躲到灶房屋里不愿上桌吃饭。

或许，正是“女孩无用论”从我一出生，就构建了我内在的自卑意识，那时，陪伴我最多的是作文书和故事会。

02. 出发路上

五岁的第一次远行，“远方”对我产生了一定的影响。冥冥中的指引，在我人生的第一个十字路口，随着打工人潮来到了广东。人生最幸运的事，是不清楚自己想要什么的时候，只管出发往前走。

在东莞港资企业，公司会提供较多的在职培训机会，我将理论联系工作实践，触类旁通配合完善公司各种体系认证。感恩遇到的引路人，十年时间，我从一个检查员逐级晋升为生产部高级主管，带领700多人的生产车间，在职期间读完工商管理MBA。从东莞到深圳，近十年时间，公司从三百余人发展到五千多人，年营业额从一两百万，增长到十几个亿。公司管理团队成员以自身的知识和智慧，驾驭着管理者权威，而我却把四川人埋头苦干、吃苦耐劳的精神发挥到极致。

我在职场工作的黄金二十年，从一个弱小无助的小女孩，与智力型人才为伍，齐头并进，发挥个人最大潜力的行为，或许是在用“有价值”的外求，推翻“女子无用论”的证明吧！

人到中年，面临自己下半生的选择、孩子的需要，老人的赡养等问题。爸爸因冠心病病退回家，后来双腿骨折生活不能自理，而爸妈本身性格就不和，经常吵架，爸爸双腿骨折后更加暴躁，时常打骂妈妈，妈妈不堪忍受爸爸的打骂，离家独立生活。妈妈的离开，爸爸对妈妈的怨恨开始向儿女们转移。这种拉锯战持续了十来年，爸爸彻底把自己孤立起来。我们疏忽大意的是，爸爸性格孤僻到心理抑郁，家人的躲避和逃离加重了他的精神分裂。当爸爸到了没有力气骂人，甚至打不到人的阶段，我才能好好陪着瘫坐轮椅上的父亲，审视那张慈祥的面容。一句极其无力的“带我回家”的恳求，是他一生最后的希望：就想和妈妈生活在一起。

那时我才明白，虽然在努力工作之后，活得越来越靠近自己，但心里总是感觉到还缺点什么。因为仅靠工作得到相应的薪酬，根本解决不了我和爸爸一样的内心贫瘠。

于是，我毅然决然地离开职场，以寻求人生下半场的更大可能性。

03. 精神回归

都说“泸州喝酒像喝汤，姑娘小伙都豪爽。”自从离开职场做泸州老窖专营后，浓香正宗的家乡酒，时常配上好菜小酌两杯，不仅治好了我的喝酒过敏症，还使内向不善言辞的我话渐渐多了起来。

时间上的自由，使我和家乡、亲人的连接更加紧密。为倡导“少喝酒、喝好酒”的健康生活方式，我从文案书籍的学习延伸到更多的文学类书籍。文学滋养了我的性灵，搁置的梦想和愿望在内心开始萌芽。我开始有了意识：这一生最重要的是和自身的联结。

父亲去世，《皮囊》一书流露出诸多的动情细节触碰到我，让我想起自己的父亲。当读到书中“你父亲走了”，我的鼻腔一酸，深吸一口气，眼睛睁大，头往上仰，让鼻腔冲到眼眶的一股热浪在空气中自然散发。自己父亲离开的一天又再重现。从早上接到大姐的电话，收拾东西、到仓库等车、坐在飞机上，眼泪怎么也不受控，一阵一阵奔涌而出。当我红肿着双眼回到老家，看到等待火葬的父亲，化过妆的安详面容，看似很平静，我的心也才舒缓了下来。这些强烈的共鸣，调动我身体的每一个细胞参与其中。感同身受的阅读体验，不仅让我积压在心里的情绪得到排解和释放，更转化为生活动力之所在：健康的身体和有趣的灵魂同样重要。

关注内心的修养和精神追求，修好生命维度，承担起自己家庭和社会的角色，才是追寻生命的意义。

《生活的艺术》这本书告诉我：循着季节去生活，人生就像是一首诗。我更加认同："人生也似酒，新酒像青春期叛逆的孩子，燥辣有点'冲'，年份酒经过漫长的储存，在时间中褪去浮躁与冲动，酒体像中年人的宽宏和温润让人向往。"我深知中年人应有的宽宏和温润是我修炼的关键，把人生经历倒回去看，对我在职场时"只低头做事，不抬头看人"有了警醒，引发我对人性及亲情伦理的思考。有了认知就会触动觉醒：女性的刚柔并济才是家庭和社会所需。

人出来混，总是要还的。我以全新的心态回到原生家庭，为弥补对家乡认知的缺失，开始以"乡土文学"类书籍进行大量的主题阅读，勾起我更多温暖的回忆。当年曾问过妈妈："爸爸怎么没有把我们转到单位，总是想着回老家呢？"到我离开职场也就有了体悟：一个人无论走多远，始终有种回乡情结，回到故土即代表心灵的回归。

一个人的一生，虽然要走一些弯路，但是，有正确的认知才能自发性地走向内在。当我看着家里的老人一个个因病离开，为和已80岁的糖尿病妈妈一起，坦然面对生命的衰老和疾病，我开始阅读《人为什么会生病》《最好的抉择：关于看病就医你要知道的常识》《生命的礼物》等有关疾病和临终关怀等主题书籍，并参加街道开设《养老护理》《健康管理师》等理论及实操课程的系统学习。希望掌握多些基本常识，维护好自己的身心，这样才有余力照顾好家人。

04. 结语

人生的终极意义是“活”出自己想要的样子。阅读潜移默化地扭转了我的思想和行为，与自己的生活现实联系在一起，去践行，去书写自己一字千金的人生。我走进企业、工会、社区、图书馆、书店、学校做读书分享：一个人，在世界上如何做回Ta自己？以终为始的人生修行，如何过好当下？

50岁后，物质需求不大，精神需要延展。《道德经》《增广贤文》《了凡四训》《黄帝内经》等是我重读重修的重点书籍。我需要通过输入和输出平衡内力，创造爱并传递爱。

“天塌下来，有高个子顶着。”感恩家人的包容和体谅，我才能做回少年时喜欢做的事情。当真正对阅读热爱时，重塑自己本身就是一种自我的回归。

飞翎

是妈妈，也是我自己

私域文案营销导师

飞翎书写坊主理人

10年商业策划人

“85后”二孩职场宝妈

我是飞翎，“85后”二孩宝妈，晚婚晚育，三年生了俩孩子，解锁了一段好玩、有趣又极其高效的带娃时光。

宝妈是特色，却从来都不是限制，我用亲身经历证明：宝妈也有无限可能。做自己，才是宝妈最正确的选择。

01. 产假是成长与学习进步的最佳时间

从一开始，我就把产假定义为“最佳时间”，漫长的6个月时间，不用上班，没有太多的心理负担，绝对一级棒的存在。

之前我有一个想法，在产假期间考研读研，虽然这个计划没有完成，但是我依旧利用产假持续学习，快速成长，为后面的发展奠定了基础。

重新定义产假与休息

坐月子一开始，婆婆就经常跟我说：孩子睡着了，你赶紧也睡觉。大人休息好，才有精力照顾孩子。

事实上，把握住孩子的成长规律，我就发现：照顾孩子这件事情，其实是打怪升级的过程，压根儿不需要如此慌张。

佛系带娃与干系学习无缝衔接才是宝妈新生活。于是，我开始寻找带娃与学习的平衡。

事实证明，正是我这样的操作，巧妙避免了我在产假期间不必要的心情忧郁，减少了不知从何而来的烦恼。

当时，刚好有一个学习课程，每天早上7点半在腾讯会议上学习。

我一盘算，这个时间刚好是一个空隙时间：孩子6点多喝完奶，老公还在床上睡觉，可以看着娃。而一夜好眠的我，没有睡意，刚好用学习来精进自己。

于是，我利用这个时间跑到书房学习，每天跟着笔记导师一起做同传笔记，一边听课一边输出笔记，每天一小时完成3000多字笔记的快乐，至今难忘。

也是这个每天早上一小时左右的输入，让我在学习方面找到了自己的价值感。

新晋宝妈的价值从来都不是带娃，而是探索自己更多的可能性，学习就是一个不错的方向。

重新定义家务与照顾孩子

跟我同住的家人，很多生活习惯不一样。所以，在照顾孩子这件事情上，亲力亲为，是我的标准，也是我的被迫选择。

但我没有过分内耗，反而让原本烦心的家务活变得系统化、流程化，不让小事困扰我的生活。

每天早餐结束，我就开启了一天的家务流水线作业：漱口、洗脸—洗衣服—洗奶瓶—吃早餐—整理房间—晾衣服。

简单的半个小时，我基本上把家务活全部搞定，而且流水线作业，将这些被打散的任务合并成了整体，我完成起来更加轻松。

在孩子休息的间隙，我可以看书，可以做笔记，可以自由休息。也可以研究如何带娃，下一个阶段需要做什么准备，比如打预防针、儿保复诊、新生儿疾病的处理等，成为家里的带娃小能手。

有了这些生活上的安排，新手妈妈带起娃来也会更轻松。

合理安排学习与成长计划

有了坐月子的初尝试，我越发想充分利用这个漫长假期来实现我的学习小目标。

于是，产假时光，成了我飞速学习、进步的重要见证。当我沉浸其中的时候，才突然发现2020年6个月的产假期间，我竟然完成了10个大大小小的课程，7次助教协作，100多条学习笔记，100本书的阅读打卡，7场读书会，1场线下工作坊，6场志愿者培训会。

从学习课程到助教服务；

从实战教习到整理输出；

从框架搭建到落地交付。

产假是休息，更是成长最快的时光。如果你有幸即将开始，请做好规划；如果你已经错过，没有关系，还有更多成长可能。

02. 先沉浸式参与，才能爆发式享受

凡事先做好准备，才能迎来爆发式享受。

一孩产假快结束之时，我准备跳槽，前后找了两位生涯规划咨询师帮我调整简历，梳理个人工作履历，框定HR喜欢听的话题与表达方式。

2021年4月，我结束了长达6年的房地产工作，在哺乳期果断跳槽。

此后，我顺利找到一份离家近、工资高、发展前景还不错的工作。在新单位我提出了很多落地项目运营SOP（标准操作流程）方案，得到了公司领导的极大认可。

我的方案策划能力、项目介绍推荐能力、PPT演讲能力又一次被看见，被认可。

在副业方面，我真正实现了副业变现，而这一切都得益于那场沉浸式的助教交付。

2021年春节，正当我为到处投简历发愁的时候，我的伯乐素宣老师向我抛来了橄榄枝，把我直接招揽到她旗下。于是，我正式踏上了副业变现之路。

当时我在一个阅读社群做助教，我利用带娃的碎片时间，给学员辅导作业，语音梳理学习卡点，这样认真、负责任的态度，被她看见，得到了她的认可。

于是老师开始亲自教我这个文案小白尝试写文案。

从最开始的模仿，到慢慢地找到书写文案的规律与方法，我开始独立创作各种花式文案。

于是有了别样的618、双11、双12。我没有买买买，而是埋头写写写，助力卖卖卖，这真的是一场很赞的成长体验。

我从一天写一两条，到一天写10~20条。我的文案，从无人问津，到发完秒收金。

在不断交付的过程中，我也看到了自己在文案方面的不足与局限。于是，2022年，我报名参加了叶小鱼老师的文案高阶训练营，精进自己的文案技能。

沉浸式学习，加上之前大学四年营销专业的基础，让我瞬间打通所有知识闭环，实现了过去经验与当下技能的融合，让我对文案的交付与理解有了全新的认知，也正式开始了我全新的文案升级历练。

无数个写文案的日夜，无数个疯狂敲字的瞬间，成就了我的底气与信心。我可以，我能行，我的文案有“钱力”。

于是，就有了2022年二孩产假期间，刚出月子的我，每天写30~40条朋友圈，同时兼管3个项目的发售文案，还时不时接个小单子。

输出数不清的文案与交付内容，一点一滴提升自己的文案营销力，当年完成7.5万元文案副业营收。

如果说产假学习是奠基石，那么功利性学习、爆发性文案输出肯定是助力我蜕变的核心动力。

03. 做好时间管理，二宝妈至关重要平衡术

宝妈时间有限？又要带娃，又要上班，又想进行副业探索，问题难在“精力分配”上。

给自己来个“精力瘦身”，把那些杂七杂八的小目标先放一放，挑一两个最重要、最渴望实现的，全心全意去攻克它。

相信我，这样的你，不仅效率翻倍，那份由内而外的自信和满足感，更是让人羡慕不已！

做好工作时间管理，聚焦KPI工作任务

一孕傻三年，产后回到工作岗位，如何能迅速跟上节奏，高效实现人生角色变化之后的精力安排呢？

聚焦目标是一个非常重要的原则。在我们的线下团队里面，奉行一句话：只要是跟KPI相关的事项，都是最重要的。

跟KPI没有直接关系，甚至压根儿不相关的，你就看着办，闲得无聊才去了解一下。

所以，我们在职场上做事，不是有事就去做，被吩咐了就去做，而是要做实事，做重要的事情，做核心的事情。

这半年时间，我针对工作板块的事情，一次一次做梳理，目

标是把跟KPI相关的事情提到每天的工作日程里。在月度安排里，将那些跟KPI无关的事情延后、忽视，甚至剔除。

熟悉工作内容，不能仅停留在感知上，还要落实到任务的筹划安排上。

根据时间表，不同的时间节点，分别侧重不同的任务。这样一个月下来，就能知道自己哪些时间节点是比较空闲的，哪些时间节点需要忙起来。

慢慢地，我发现，我又有了更多的空闲时间，更多可以自由把控、学习提升的机会。

所谓的高效，无非是利用一些工具，让看似烦琐的工作变得简单，变成模块，变成一个可快速迭代复制的经验罢了。

高效利用碎片化时间，副业任务逐个KO

以前，我觉得一定要坐在电脑前，在很安静的环境里，思路清晰的时候才能输出文案。

后来，我发现，错了。因为压根儿没有这么大块的时间，而且家里的娃太能折腾了。

丢掉在大块时间里才能输出的看法，充分调用碎片时间，一样能根据交付节点完成交付。

这里面的秘诀是，充分熟悉书写框架与产品内容。

所谓的“熟悉”，其实是我高效批量输出文案的秘诀：从各个角度对课程产品进行全局认识，从而多维度营销输出。

从课程海报到课程研发细节，再到课程社群玩法，做一个系统拆解。

课程产品痛点有哪些？是不是真的痛？是不是用户的真实需求？

课程产品卖点有哪些？（好多人的卖点只有一两句话，真的是不会挖掘宝藏呢。）我会认真分析课程的卖点，包括如何关联痛点解决问题，有什么特殊的体验，等等。

另外，我还会从观念、方法、实操，还有福利等各个维度去拆解课程产品，看看到底有什么吸引人的地方。

当这样的分析深入头脑，即使身边有娃吵闹，即使只有碎片时间，我也能迎合营销需求，高效输出文案。

有了全面的认识，再加上短时间内的集中输出，就有了随时输出的底气。也升起了我在做副业和带娃之间保持平衡的勇气。

高质量陪娃，也是个人精进的方法

在陪娃这件事情上，我给自己定的标准是：大原则是不缺席；小原则是创造各种机会，给孩子们提供惊喜感，多维度参与，尽可能多折腾。

比如，每天晚上睡觉前的玩耍，每周少不了的户外运动，暑期的短途旅行。

即使出门玩个滑滑梯或去公园看个树木，也成为我和孩子们互动的惊喜。

每一次外出，都是孩子们增长见识、协同成长的过程：哥哥可以帮我看着弟弟，有种兄友弟恭的既视感；哥俩看见新鲜事物，不时能学几个新词汇，懂个生活小常识。

所以，带娃何尝不是一种宝妈的学习？既可以稳定自己的情绪，又可以提升自己的包容能力。

做一个情绪稳定的妈妈，做孩子们的成长榜样，就是作为宝妈的我最重要的课程，一辈子的课程。

在成为宝妈这件事情上，我是妈妈，我更是自己。先是我们自己，再是宝妈。

成为一个妈妈，不是终点，而是我们和孩子共同成长的起点。要好好做妈妈，更要好好做自己。

希望所有的女子，不负光阴，不负自己，活得自在，活得丰盈。

晴岚

从危机到转机：一位中年文案的创意解答

“80后”职业女性

文案创作者

生活美学践行者

作为一个40多岁的中年职业女性，目光所及之处是各种职场危机，坐以待毙还是主动改变？我选择了后者。没想到，做出选择后，我已然看到了胜利的曙光！

当你遇到中年危机，该怎么办？

当我18年多的职业生涯终止的那一刻，我也遇到了中年危机。

01. 告别舒适区，将危机转化为职业转型的跳板

在18年多的企业生涯中，我担任内审，保证财务流程透明、合规，并通过评估和改进内部控制来降低风险，提升企业的运营效率。此外，我还策划并成功举办了千人规模的退休工友联谊会。

记得那是一个阳光明媚的上午，退休工友们的脸上洋溢着久违的笑容，他们相互拥抱，分享着往昔的回忆。一位白发苍苍的老工友握着我的手，眼中含着泪光，频频致谢。这让我深刻感受到，我不仅是在组织活动，更是在传递情感和信念。作为工会的桥梁，我协调解决员工与管理层之间的纠纷，坚信“对话是解决问题的桥梁”。每当达成共识，看到员工满意的笑容，我便知道，我的努力是值得的。这些经历，不仅锻炼了我的协调能力，也让

我学会了如何在复杂的环境中寻找平衡点。

正当我以为自己将在职业生涯的轨道上平稳地驶向终点时，命运却给了我一个意外的转弯，将我带到了中年危机的十字路口。但我相信，每一次的结束都是新旅程的开始，于是我选择勇敢地迎接挑战。

随着时间的积累，我看到自己在内审领域的职业发展已触碰到天花板。我开始深思，如何才能打破这一局限，寻找到新的成长空间。在一次家庭聚会上，我的小姨甥用他那充满好奇的眼神问我："你每天上班都在做什么呢？"我稍作停顿，脑海中闪过那些数字和报表，然后带着微笑回答："我是一位探险家，我在数字的海洋中寻找着隐藏的宝藏。"他的眼睛立刻闪烁着兴奋的光芒，急切地问："那你找到了什么宝藏呢？"那一刻，我被他的纯真和好奇心深深触动，我意识到，我可以将那些枯燥的数字转化为孩子们眼中闪烁的星光。这次对话，点燃了我内心深处的火花，它促使我思考如何将我的专业知识以一种更具吸引力和影响力的方式传达给更多的人。我不再满足于仅仅在内审领域取得成就，我渴望创新，渴望挑战，渴望将我的专业技能和经验运用到更广阔的领域。我期待着能够打破职业的界限，探索未知，让那些看似冰冷的数字，在我的讲述中焕发出温暖的光芒。

当你身处未知的领域，会感到害怕吗？

不要害怕，因为改变是生命唯一不变的法则。

02. 文案实验室：数字与故事的化学反应

转型之路，从不是一条铺满玫瑰的大道。面对职业身份的转变，许多人都会经历一段深刻的自我探索和认同危机。对于许多人来说，中年不仅是岁月的里程碑，更是职业道路的瓶颈期。内审工作给予我稳定和安全感，而文案创作则充满不确定性和风险。这就像许多人在工作中寻求改变，却害怕未知的风险。这些问题，也许正是许多中年人心中的疑惑。我知道这是一个巨大的挑战，因为这意味着我需要从头开始学习一门全新的技能。但我也知道，如果不去尝试，我可能会后悔一辈子。

在决定转型前，我先进行自我评估。回顾自己过去在内审工作中所积累的技能，比如对数据的敏感度、逻辑分析能力以及报告撰写技巧。接下来，我通过阅读行业报告，和一些在职的文案人员交流，来了解文案行业的现状和需求。我发现，数据分析这些技能在文案写作中同样适用，文案不仅仅是创意的表达，也需要清晰的逻辑和有说服力的数据支持。

明确目标后，我开始学习文案写作的基础知识和技巧。这是从数字到文字，从理性到感性的跨越。在那些孤独的夜晚，我坐在灯下，翻阅着书页，渴望从成功的文案案例和写作书籍中，学习吸引读者的技巧。我也开始实践，为身边好友的一些小型项目免费撰写文案，以此来积累经验。在文案创作过程中，数据分析成为我的秘密武器。我利用数据分析来研究目标受众，了解他们的喜好、行为习惯和消费模式。这些数据能够帮助我更精准地定位文案的风格和内容，使文案更具说服力和吸引力。

其中一个实践练习是为一家初创公司撰写广告文案。这家公司生产了一款智能健康手环，他们需要一个能够吸引年轻消费者的广告。我进行市场调研，分析目标受众的喜好和行为模式。发现年轻人不仅关注健康，更追求时尚和个性。他们喜欢分享，乐于在社交媒体上展示自己的生活。

于是，我开始构思文案。我决定用一个故事来展现这款手环的特点。这个故事讲述了一个忙碌的都市年轻人，由于工作和社交活动在他的生活中占据主导地位，他常常忽略了自己的健康。直到有一天，他发现了这款智能手环，它不仅能够监测他的活动量和睡眠质量，还能够根据他的喜好变换不同的表带，成为他个性的一部分。

我写道："在这个快节奏的世界里，你值得拥有一个既聪明又时尚的伙伴。它了解你的脚步，感知你的呼吸，与你一起迎接每一个挑战。这不仅仅是一款手环，还是你生活中的一个新篇章。"

我运用了数据分析，将手环的功能和用户的实际体验结合起来，创作出一个既有说服力又富有情感的故事。我的文字不仅仅是在描述产品，更是在讲述一个关于健康、时尚和自我发现的故事。

职业转型，就像是踏上了一条自我探索和潜能挖掘的旅程。你会发现，当视野拓宽，世界会比你想象的更加绚丽多彩。面对改变的渴望，不妨从你最擅长的领域开始，那些你游刃有余的技能，可能就是你的优势所在。思考如何将这些优势转化为新领域中的核心竞争力，这样，你不仅能实现自我超越，还能在新的领域激起属于自己的独特波澜。

转变不是终点，你准备好了吗？

职业转型，自我能力的再发现，塑造了新我。

03. 中年转型，梦想不晚

在中年的十字路口，正确的选择胜过盲目的努力。尽管掌握了一些写作技巧，我的文案却未能激起市场波澜，如同石沉大海般无声。每当夜深人静，我躺在床上，心中涌起的不仅仅是迷茫，更是对未来的恐惧。疑惑和焦虑如同阴影，悄悄地侵蚀了我的自信，我在内心深处不断地自问："我真的能成功转型吗？我是否还有未被挖掘的潜力？"但退缩从不是我的风格。正如我的前同事评价说："你总是能够以积极的态度面对挑战，你的坚韧和热情能感染我们每一个人。"在内心深处，一股坚定的力量在涌动，它告诉我：我还有潜力未被挖掘，我怎能在此时轻言放弃！

我重新梳理了我所掌握的每一个方法论。我逐渐明白，我所欠缺的不是技巧的堆砌，而是对文案创作深层次逻辑的洞察，这是一种系统化的知识架构，一种能够激发我创作出充满生命力文案的策略。就在这时，我在微信公众号幸运地遇见了叶小鱼老师的文案课程介绍。我渴望通过这个课程，找到我一直在寻找的答案。

“一个好的文案应该具备这三个要素：达到目标，用户有感，符合调性。”“说什么？对谁说？在哪说？怎么说？”当我在课堂上听到小鱼老师的讲解，我恍然大悟，终于找到了我想要的答案。

学习了这套底层逻辑，我迫不及待地想大显身手。但现实却给了我当头一棒。我的第一次实操作业，被助教批评得体无完肤。我的文案，虽然充满了热情，却过于直接，缺乏细腻的情感；我的产品描述，虽然详尽，却缺乏那种让人身临其境的画面感。

我感到沮丧，但我没有放弃。我将每一次的失败视为成长的机会，不断磨炼自己的技能。我开始阅读大量的书籍、杂志，甚至忙起来的时候直接听书，从经典广告词到人物传记，从心理学到历史文案，我一边阅读，一边记录，一边摘录金句。我模仿、我创作、我反复练习，每一次的尝试都让我对文案的理解更加深刻。

我开始学会如何将产品描述转化为一幅幅画面。我为小青柑柑普茶撰写的文案，就是我成长的见证。我不再只是简单地说：“小青柑柑普茶，源自新会核心产区的绿意柑田。”而是这样描述：“在新会核心产区的绿意盎然的柑田里，每一颗小青柑都在亚热带季风的轻抚下，享受着超过3000小时的年均日照。”我让读者感受到那片柑田的生机，感受到每一颗小青柑的成长故事。

我学会了如何增强情感共鸣，如何用具体的细节去打动人心。我写道：“我们不随意采摘，而是像挑选宝石一样，只挑选那些直径在4至5厘米之间的小青柑，因为我们知道，这正是它们风味达到顶峰的黄金尺寸。”我让读者感受到我们对品质的执着，对每一颗小青柑的尊重。

我还学会了如何用具体数据去支撑我的文案，如何让工艺描述变得更加生动、具体。我写道：“经过220天的生晒发酵，我们的小青柑柑普茶的茶多酚含量比普通普洱茶高出20%。”我让读者了解到我们对工艺的精益求精，对品质的不懈追求。

最终，我的文案作品得到了市场的认可。我的朋友反馈说：“你的文案让我们的产品故事更加生动，产品档次明显提升，销量增加了20%。”这是对我最大的肯定，也是我作为文案人成长的最好证明。

在文案创作的征途上，我正以坚定的步伐勇敢前行，每一步都充满力量和决心。小鱼老师的辉煌成就提醒我：在知识的海洋里，学习是一场没有终点的旅程。我全身心投入文案高阶训练营，不断吸收新知，提升自我，追求卓越。

每个人的生命都是一场独特的旅程，充满了未知与奇迹。站在中年的十字路口，我们不是被时间遗忘，而是在岁月的洗礼中，变得更加坚韧与璀璨。在这场自我发现的征途中，我们每个人都是自己命运的主宰，每一次选择都是对内心信念的坚守与承诺。让我们在文字的海洋里勇敢航行，迎风破浪，让每一次心跳都转化为前进的节拍，让每一次呼吸都充盈着对未来的憧憬与梦想。因为我们相信，只要心中有梦，脚下就有路。

珊瑚

你的人生，本就自带光芒

三家公司的CEO

培园心灵成长系列品牌创始人

东南亚海外影视剧投资人

爱魔黎司护肤品品牌创始人

你见过一粒种子的破土而出吗？尤其是一粒夹在岩石的缝隙间的草籽儿。那么大的压力也阻挡不了它对生命的渴望。你见过星球的舞蹈吗？银河缠绕着宇宙，旋成巨大的涡流。星际像一双张开的翅膀，扑打着星云，裁剪着天幕。冷峻的星空动荡起来，燃烧起来，黑暗仿佛是无数双热情真挚的眼睛。

01. 活出你的热情

每个人都在用自己的方式活出热情，有些人等待着自然的召唤；有些人承担着天降的大任；有些人没什么热情，只希望生活中有一两件刺激的事就够了；有些人喜欢无限的狂热激情，当完成一个目标时，他们会觉得自己被热情鼓舞。

不同的方式能够展现出不同的气质。

有这样一个幽默故事。

一个水手对他的朋友说："我爷爷是个水手，他死在海上；我爸爸也是个水手，他也死在海上。"

那位朋友惋惜地说："那么，大海一定是很危险的了。"

水手笑了，问道："你爷爷死在哪儿？"

朋友回答："当然是死在床上。"

“那么你父亲呢？”

“也是死在床上。”

“这就是说，床也是很危险的了。”

惊涛骇浪和你家中温暖的床，你会怎么选择？对于这个水手来说，大海一定承载着他全部的激情与梦想。只有在海上，他才能感到自己生命中的雄浑和力量，他才能尽情发挥自己的特长。因此在凶险四伏的大海上，他反倒会感觉安全。

发现自己的热情与兴趣是我们一生要探寻的事情。无论你的目标是什么，你喜欢的事物都会使你全神贯注，它会让你的热情像流水一样扩散出去。

当你觉得心力交瘁时，追随热情能使你保持头脑清醒，神智清晰。我们每个人的生命中，都会存在一些至暗时刻，都会有难熬的时光。

著名心理学家荣格曾经说过：“生命中所有最大与最困难的问题，其实基本上都是解决不了的。而有些人在苦闷当中能保持相当的乐观，并不是他们解决了问题，而是他们找到了更强的、更新的生命目的，来取代了那种苦闷。”

没有任何东西比热情与热爱更能让人变得心胸宽广、精力充沛、勇敢与温情。那是一种生机，一种生命力，一种贯穿于自我的令人振奋的东西。

当你专注在自己的热情与热爱上时，你会忘记周围的一切，沉浸其中，很容易就进入心流的状态，忘记自己是谁，创意会从四处涌来。

当你专注在自己的热情与热爱上时，你会更积极主动地看待人生，你会感觉到更幸福，更有成就感。而当你获得幸福后，你会更有吸引力，别人也因此愿意跟你相处，你的人际关系也会上一个台阶。

当你专注在自己的热情与热爱上时，你会产生真正的自信，你不再有各种的担忧与顾忌，而是会积极主动地去表达你的热情。你逐渐增强的自信也会使你相信自己的判断。

我们每个人都可以是生活的艺术家。活出热情的方法就是找出你爱做的事，然后全力以赴，只管耕耘，坚持到底。

当你从事自己爱做的事时，自然会精力充沛，信心十足。

02. 打破惯性

我们许多人都建立了习惯，这些习惯有一定的益处，比如可以节省时间，提供做事的捷径等，但同时它们也限定了个人潜力的发挥，阻碍了对新的可能的研究。习惯紧缩了我们自由的范围。

影片《土拨鼠之日》中那个被日复一日重复的生活搞得精疲力竭的记者多像我们的缩影，他的每一天就是他的每一年，日子被成批量地复制着，到影片结束，他终于摆脱了这样的生活，开始了新的一天，爱情和新的生活是那么美好醉人。

我们的生活已经被习惯层层包裹了，我们对任何事都司空见惯，麻木无感。

首先是日常的例行公事，从一成不变的早餐内容，到午餐固定的几家餐馆和固定的菜式，再到总是做相同的事情作为娱乐，并用“最喜欢”作借口。

其次是习惯性的识觉方式。每天开车上下班时只会无意识地扫描周围的景色，大部分时间感觉不到有什么不同；等红灯时极为不耐烦，遇到堵车更是心烦气躁。其实如果细心领略，每一天都会有不同的颜色，天空每一刻都不同，植物天天都在生长。

再次是习惯性的思考方式。我们容易循着相同的方向思考，而且只对某些思考方式和自己的观念感到愉快。我们排斥新的观念，又太容易接受传媒中发表意见的人所持的主张。

最后是习惯性的感觉方式，以及对重复的或普通的情况做固定的情绪反应，结果大大限制了个性的潜在功能。

比如，很多人一被批评，不管别人说的是对的还是错的，都会习惯性地怒不可遏。这就是一种习惯性情绪。习惯性情绪养成得越多，个性就越拘泥，而且对于激发个人的潜力也越不利。

固定的习惯不但局限了个人的选择范围，而且剥夺了新的经验，以至于剥夺了弹性和自然，进而抑制了热情。热情本身就是对生活时刻保持一种新鲜感。

许多人在一成不变的生活中满足、无求、死静着。他们习惯了待在舒适区，不再去找机会，拒绝从已知转移到未知。他们不承认抛开习惯可以让他们自由成长，重新点燃对生活的热情。抛开习惯就是摆脱严谨的行为模式，并帮助你发展出新的反应方式，它会让我们去探索这个世界的新知，让我们的生命鲜活。

池塘因不敢穿透围堤，渐渐腐臭了自己；早春的花，因不敢首先开放，而枯萎了心房，我们是否在一天天公式化的日子里失去了自己？

03. 与真实有约，你的人生，本就自带光芒

古希腊有一个神话故事，叫“斯芬克斯之谜”。

庇比斯城的人得罪了天神，天神震怒，天后赫拉为了惩罚此城的人，派了一个名叫斯芬克斯的人面狮身的女妖，她在城外的悬崖上向路过此处的庇比斯城人提出一个谜语：

“什么东西在早晨用四只脚走路，中午用两只脚走路，晚间用三只脚走路？在一切生物中，这是唯一的用不同数目的脚走路的生物。脚最多的时候，正是速度和力量最小的时候。”

凡是猜中这个谜语的人就可以活命，猜不中的就会被吃掉。过路的庇比斯城人全被斯芬克斯吃了，人们都陷入了恐惧中。

终于，俄狄浦斯路过此地，会见了女妖，并猜中了谜语。

他说，这是人呀，在生命的早晨，他是个孩子，用两条腿和两只手爬行；到了生命的中午，他变成壮年，只用两条腿走路；到了生命的傍晚，他年老体衰，必须借助拐杖走路，所以被称为

三只脚。

人最难以认清的往往是自己，当我们真实地面对自己，力量就会升起。真实地面对自己并不复杂，只要你敢于摆脱既定的社会模式。你所相信的对你来说必须是真实的，你不可能相信一些与你的意志相违背、充满矛盾的事物。对自己真实就是倾听自己内心的声音，当我们相信自己的时候，就可以自由自在地发展我们的本性了，以个人成长的眼光来看，真实是最强大的力量。

要想超越原本的自己，我们就要发掘出真实的自己，说出和表达出我们的真实感受，然后使我们的想法和行动统一起来——成为我们自己。

每个人都可以用属于自己的独特的方式过完这一生，但不论以什么样的方式，我们的目的都是一样的，那就是不再在疲惫困顿中昏昏沉沉度日，不再一觉醒来不知身在何方，而是勇敢而真实地活着，为实现自己的梦想而努力，留下你的人生作品，让这个世界变得更加美好，活出更充沛的内在情感，做个更有价值的人，去充分地享受人生，吸吮生活的全部滋养，活出自己的光芒万丈。

多一分舒畅，少一分焦虑；多一分真实，少一分虚假；多一分快乐，少一分悲苦。

我们会发现新生活在面前敞开，我们将变得更敏锐，能真正深入、透彻地体验和理解自己的生活，我们将为每一次日出，以及草木无声地生长而欣喜不已；我们将感受到世界生生不息地衍变生长，而我们就是其中的一部分；我们将学会与这个世界温柔相处，聆听风雨声，仰望璀璨的星空，与无穷浩瀚的宇宙和生命力相连接；我们将重新向自己喜欢的人敞开心扉，表现真实的自然，热情地处身于家人、朋友之中，彼此关心，分享喜悦，真诚以对，在危难时伸出援助之手，创造一种真实、温暖、友爱的生活。

我们不会再在生活的表面游荡不定，而是深入进去，聆听生活的呼唤，让生活变得更有意义。你的人生，本就自带光芒。

司司

你想要的结果，在你自己手里

“00后”文案写手，远方好物分享主
践行健康人生模式的复盘已千余天

小时候我会祈福许愿，让上天给我一个什么东西，后来我长大了，和世界交手的次数多了，事与愿违后，我就不再祈福了。该发生的总会发生，要么接受，要么预防，不再抱侥幸心理，最终我发现还能收获战胜未知和恐惧的强者心态。

01. 好的坏的都接受，那是藏在生命中的礼物

出身普通的我，小时候对妈妈吹的牛皮是：开一家超市。因为它是那一片山区里最繁华的地方。没有作业，没有老师，有游乐园，有小朋友，可以玩耍。那是我的梦想最初的模样。

命运的齿轮开始转动，让我嗅到生活压力的气息。外婆因为家里没有钱去给她治病，最后带病离开了。听妈妈说，外婆年轻时很能干，但也很操劳，农忙时下地干活，累到回家都顾不上先做饭，而是先喝酒，这样疲惫一下就散开了，酒意上来就睡着了，这样就省下一顿饭，但时间长了，身子就落下了病根。我记得我最后一次见她的时候，她是坐在轮椅上，妈妈正在给她洗脸。妈妈指着外婆额头上的一道疤，说这是我小时候顽皮，和外婆一起摔进农田里磕到的。不记事的我，很难想象眼前这个老太

太，当时对我到底是有纵容啊！我很喜欢她，也希望她可以照顾好自己，可以等到我结婚。几乎终生为家庭操劳的她牺牲了很多，我希望有人能保护她，如果没有的话，那由我来保护她。外婆的事让我发觉放纵的作息，是会让人落下病根的，如果可以治疗那自然很好，如果不敢保证的话，那前期就要开始预防。

虽然当时我还小，但我发现，我有了注重身体健康的意识，同时如果我成为一个商人，能看懂社会运作的规律，财务状态更健康就可以有多出来的精力，去保护身边的人了，至少可以有选择的权力。于是上学期间，我就做一些我觉得商人会做的事情：倒卖小零食和月考卷。可这些行为在大人眼里，都是不务正业的。听话的我开始“改邪归正”，但就算我拿到了奖学金，我也没有发现自己在赚钱上有任何的突破。身边的大人们在极度艰难的情境下，没有解决好曾经我觉得必须处理的难题。那一刻我发现，我是孤独的，也是幸运的，因为我的命运，真的被掌握在自己手里。

上大学后，有自由空间的我重新捡起曾经的梦想。当时认真做了一个小业务，尽管以失败告终，却让我意识到，人真的做不出认知以外的决定，因为人在未知里，会失控。我要凿开我的认知墙，用更大的眼界，打好人生格局的地基，可持续运作，才能建起抗风险能力更强的大厦。

但是我需要重新认识和理解这个社会和商业运作的规律，而不仅仅是课本上呈现的社会。

02. 原来我想要的，没有人能给得了

第二次面临危机，是爸爸住院。

刚上高中的我，开始慌张，担心学费断缴，因为爸爸是家里的顶梁柱。我带着紧张的心情，放假那天，跟妈妈一起，去医院看他。这是我不曾见过的模样，那个顶天立地的男人，倒下了。爸爸平时都不在家，问就是在加班，经常加到晚上十一二点。因为行业性质，工作环境会有些粉尘，对呼吸道不好，但他这次得的病，是肾结石，大概是因为经常吃消夜。这一次，我仿佛看到了爸爸不健康作息方式背后的原因：收入结构单一不可持续。传统男主外女主内的结构，根本不足以抵抗重大风险（除非一方极其富有）。

因为户口问题，我没读上公办高中，父母咬牙供我读了私立高中，打开了我的另一扇窗，去认识世界。也让我对金钱变得更加敏感。我发现，自己和同学们格格不入，不管是在学习上，社交上，还是穿搭上。大学之后，我的窘境就凸显出来了。其他人在生活上会更松弛，更快乐，因为人生的容错空间更大，而我做不到像他们那样，我处于很紧绷的状态，也不敢跟人社交，生怕被看出来我的局促不安。我发现，我开始被这个心结限制住了脚步。

我反过来想：我现在出发的话，不就能让我以后的孩子不

用经历我曾经捉襟见肘的局面了吗？我可以向更多有结果的人学习，汲取能成事的经验，来构建能抗风险的人生。为了突破，我开始砸钱砸时间学习，向在商业上拿到过结果的人学习。在还没有很多收入时，我已经花了不下5位数，很幸运，真的让我找到了这样的导师。在一位师兄的帮助下，我加入了一个更高能的圈子，让我看到了商业社会的分类，赚钱渠道的多样性，也让我意识到最重要的一件事：人需要为梦想而活，而不仅仅只是为了金钱而活。健康地活着，成为金钱的主人，用它来成就你的梦想。我开始罗列我的人生清单，我最想做的事情……

我花了很长很长的时间来学习，集百家之长，寻求共同点。在此期间，我再一次陷入过分追求意义的陷阱里，我希望我做的每一件事情都是有意义的，希望自己可以帮助到其他人，能够关联到更多的人，于是我一直在学习，一直在找。我忽略了最重要的一点——在当下实践。我突然想到之前老师说的一句话：学习是一种索取，只有付出，你才有可能得到你想要的。但现在我对这句话有了自己的理解：只有我的认知已经饱和到可以析出行为的晶体时，我才敢相信，我这时候的决定是对的。

虽然我的梦想没有完全实现，但我一直把它铭记在心，就像是线索，贯穿着我的人生，让偶尔做出迷茫偏离行为的我，最终能回归主线。

03. 用你所长和坚定的态度，去做你最想做的

在健康方面，我开始锻炼。小时候，我妈妈总是说我屁股大，后来我锻炼塑型，把我的劣势练成了优势，作为一个爱辣的湖南人，大学期间坚持吃了一年多鸡胸肉，练出了马甲线，也因为运动，让我变得更有活力，让我更能意识到自己身体的力量。

在商业探索上，我大学期间开始做代收小业务，后来因为搬了校区，便戛然而止，因此我发现它会受到地域限制。毕业后，我开始入局知识付费，交付了我的第一个产品，发现这个项目不够普世，需要教育市场。最终因为这或那的理由，没有继续下去。

我发现，我并没有在此期间使用上自己的优势，这样的状态其实是不健康的，会让我后期很吃力，是不可持续的，我没有办法一直在赛道上跑下去。同时我对自己真正想要的东西所秉持的态度是不对的，“我不能试一试，而是我必须成功”，这个才是强者的心态。

我不希望继续抱着试一试的心态去迎接可有可无的结果了，我不想用这样的方式继续消耗自己。

所以我辞掉大多数人眼里“香饽饽”类的财务工作，选择了销售性质的工作，我要实现我下一个人生阶段的突围。结果0经验转行的我，竟然把To C端的业务做到单月40万—50万元的业

绩。第一次让我发现，原来100万真的不是一个很遥远的数字。

可我又发现了它的局限性，因为这些成绩几乎都来自平台，而不是我，离开平台我还是那个无名之辈。同时，所有业绩在月初都会清零，而且还会有更高的业绩要求，我认为这是不可持续的。

我需要做可持续的动作，能带来持续平稳增长的动作，这才能让我的人生飞盘转起来。

我想到，我一直用文字复盘自己过去的人生，与自己和解，从而找到自己的人生方向，可那些是写给自己看的，我没有写过给别人看的文字（除了书信）。我想到文字是不是也可以用来做销售渠道呢？于是，我开始学习小鱼老师的文案，发现有一个学员就是年入百万的选手。原来曾经商业前辈说的“一百万是一个普通人勤奋可以达到的数字”这句话是真的。

我开始重新认识写文案，它是我一个非常重要的商业技能之一。我开始重新等待机会，判断项目，开始学习。慢慢来，一次只做一件事，只要这件事情能够带来长久的正循环，形成一个健康的生态。

我突然发现，健康的人生模式，也是可以被看见，被分享的。曾经尘封在电脑里的那些复盘，我的那些成长感悟、学习笔记，都是可以拿出来分享给同路人的。比如我从过去找不到目标，到能清晰列出人生愿望清单的过程；从过去梨形身材，到练出马甲线的过程；从过去活得紧绷拧巴，到现在逐渐松弛自洽的感悟；从之前发朋友圈会感到羞耻，到现在可以自如地展示自己真实生活的心路历程；从过去单干屡次踩坑，到现在发现自己更适合打辅助的感悟；从过去对项目一无所知，只知道埋头就干，到现在吸收了经验和教训后才执行的感悟。

我希望通过一个健康、可持续发展的人生模式，获得自己想要的结果。我想分享出真挚有效的感悟，给最需要的人，如果你也想见证我的成长，欢迎连接我。

曹慈晏

43 岁，启动第二人生

龙凤胎妈妈

5点早起践行者

超能智慧阅读分享者

01. 人，只有经历痛苦才会改变和成长

36岁前，在自我的认知与世界里，我是个三无人：无名校背景、无特别拿得出手的技能、无耀眼的成就，是个真正的普通得不能再普通的人。虽然对本职工作认真负责，但其余时间却过着迷迷糊糊，没有多大压力也没有太大动力的生活。由于过度真诚，过度傻乐，也吃过不少的亏。尽管如此，日子也还过得去，鉴于年轻时的心性，偶尔也对着自己呐喊一声，然后又归于平静，继续向前。不知道，应该是从来没想过自己真正想要什么，想成为什么样的人。

直到2017年的某一天，我经历了一场家庭巨变，这场变故引发了我内心深处的强烈情绪，疯狂到想要摧毁一切，就跟产后抑郁一样，差点要了我的命。

因缘际会，这一年，我参加了混沌大学的一场线下课，课堂上嘉宾老师让在场的上百人体验了一次冥想，那是我第一次进行冥想体验。在这个过程中，眼泪完全不受控制地哗哗往外流，我不想让它流，这多丢人呀，可还是止不住。冥想结束后，老师说，好多人都流泪了，大家不要觉得不好意思，要放下心，让它尽情地流，这是正常现象，证明你的身体在释放。然后，神奇

的事情发生了，就是这一次，我知道了我还有一个叫自我的东西，之前崩溃的心灵在这里得到了安抚，我也遇到了改变我的一本书：《零极限》。说来惭愧，这是我一口气读完的第一本书。其实，现在我也想不起书中具体的内容了，但它确实把我拉了回来，感恩！这里送给大家神奇的四句话：对不起，请原谅，谢谢你，我爱你。

从这一年起，我踏上了寻找自我、寻找未来的探索之旅。从尤克里里到营销课程，从Office技术到AI学习，从新媒体运营到阅读技能打造，从早起运动到阿育吠陀养生等。同时，我还买了很多课、很多书。历经6载，现在的我不会像以前一样乱买一通往外求，而是真正从内在改变自己，当我开始这么做后，逐渐从迷茫到清晰，从混沌到觉醒。我现在不用闹钟，可以5点起床；遇到情绪危机，3秒就能转念平复心情，换个角度看问题；不用打卡，也能养成好习惯。可以1小时读完1本书，也能1周精读1本书。现在的我，如果不暴露年龄，或许别人会认为我是Z世代青年，哈哈哈！这一切都要感谢那次冥想和《零极限》给我的启示。

02. 找到自己，拿回自己的力量

那次冥想是我人生中极重要的一件事，让我找到自己。在冥想体验中，老师说：“在这个快节奏的世界里，我们常常忙于追逐目标，以至于忘记了停下来，关照一下自己的内心。今天，让我们一起走进内心深处，去感受那个一直在默默支持我们的小小自我。

“想象一下，你的内心是一片广阔的海洋，而那个小小的自我，就像是一艘小船，在波涛中航行。它承载着你的快乐、悲伤、希望和恐惧，无论风浪多大，它都坚韧不拔，无怨无悔。

“现在，让我们闭上眼睛，深呼吸，慢慢地，将注意力转向自己的内心。问问自己：

“你有多久没有好好倾听自己的心声了？

“你的内心是否在某个角落默默哭泣，而你却未曾察觉？

“你是否忽视了它的需求，忘记了给予它应有的关怀和温暖？

“让我们用今天这个机会，去拥抱那个小小的自我，告诉它：‘我在这里，我听到了你的声音，我感受到了你的存在。’让它知道，它并不孤单，它有你这个最好的朋友，愿意陪伴它，一起经历生活的起起落落。

“现在，让我们一起做几个深呼吸，每一次呼吸，都让自己更加放松，更加接近那个真实的自我。当你准备好了，慢慢地睁开眼睛，带着这份新的觉知，继续你的旅程。记住，无论走到哪里，你的内心都是你最坚强的后盾。让我们一起关爱那个小小的自我，让它在爱与理解中茁壮成长。以上冥想引导词送给有需要的你。”

在经历了情感的释放之后，我接触到了荷欧波诺波诺的四句话：“对不起，请原谅，谢谢你，我爱你。”这四句话成了我生活中的指南针，我开始学习如何将感恩融入我的每一天。起初，我只是习惯性地对别人说“谢谢”，但随着时间的推移，我学会了感谢自己，感谢生活中的每一件小事，甚至是那些看似微不足道的瞬间。

随着感恩逐渐成为我生活的一部分，我发现自己和周围的世界开始悄然变化。我不再抱怨，无论是在家庭还是在工作中，我的人际关系都变得更加和谐了。那些曾经让我感到不快或焦虑的事情变少了，与家人的无谓争吵也几乎消失。我不再对孩子施加压力，而是像朋友一样与他们沟通。这些变化让我感到惊喜，也让我意识到感恩的力量。

也许有人会认为这没什么大不了的，但对我来说，这是巨大的改变。我的故事可能没有惊心动魄的情节，但它是我作为一个写作困难症患者所能表达的全部。我希望我的经历，能够激励更多人去体验感恩的力量。

这里，我想向大家推荐一本书：《36万遍感恩的奇迹》。这本书讲述了作者在面对工作挑战、失去孩子、照顾患怪病妻子等一系列生活打击后，如何通过感恩和向大自然学习，最终创造了属于自己的奇迹。这是一个关于如何通过感恩改变生活，如何从逆境中找到力量和希望的真实故事。我衷心希望每个人都能从感恩中找到属于自己的那份力量和平静。

03. 这个阶段我还破除了一件事：不被定义

在生活的旅途中，我们往往不自觉地被他人的期望和评价所牵引，逐渐迷失在他人眼中的完美形象里。我们开始追逐那些看似光鲜亮丽的生活轨迹，却忘了问自己：这真的是我想要的生活吗？

我们常常听到这样的关切："你都25岁了，怎么还没谈恋爱呢？是时候找个伴侣了。"或是："你一定要争取进那家公司工作，待遇好，离家又近，多完美啊！"甚至在对待我们的孩子时，也会不自觉地将这种期望投射在他们身上。

然而，这样的生活真的是我们内心所渴望的吗？我们是否应该停下来，倾听自己内心的声音，做一个不被定义的真正的自己？

我24岁那年，经历了人生中的一次重大打击——失去了我的父亲。那时，我刚步入社会，对于失去至亲的深刻含义还懵懵懂懂。周围的人不断地提醒我，现在妈妈只有我了，我必须成为家庭的支柱。他们告诉我，我应该这样做，应该那样做，不能这样，不能那样。从那时起，我深信自己必须变得强大，也只能变得强大。

我开始按照他们的期望拼命工作，以一个行业新手的身份进入汽车行业，不具备营销专业背景，却从事营销策划工作，直到成为集团营运中心市场管理人员。我努力成为别人眼中的我，对自己和他人的要求近乎苛刻。我不允许自己有任何失误，哪怕是最微小的错误也会让我深感自责。我非常在意他人的看法，即使是最微小的负面评价也会让我难过很久。我甚至不喜欢别人叫我“姐”，因为我觉得那样显得我老了。

然而，随着时间的推移，我开始意识到，我应该只为自己而活。我不再化妆，只使用最基本的护肤品；我只穿我觉得舒服的衣服和鞋子；我不再在意别人的评价和期望，我只做我自己，坚守自己的原则和信仰。我开始学习人工智能，赤脚走在大自然中，和Z世代的年轻人一起跳舞。我还有很多想做的事情，即使在别人看来可能有些出格，不符合我的年纪，我也要去尝试。

我相信，无论16岁、20岁、30岁还是40岁，每个阶段的我都有独特的美。我要让自己的美延续到120岁，甚至更久。我的故事，我的生活，我的美丽，都只属于我自己。

04. 消灭心中的小恶魔，实现自我突围

我之前有一个好朋友是好奇宝宝，他总是对新鲜事物充满好奇，总是迫不及待地投入其中，但一旦发现现实与预期不符，他就会迅速抽身离开，继续寻找下一个“宝藏”。这样的循环往复，最终让他一无所获。在这位朋友的身上，我看到了很多人，包括我自己的影子。过去，我总是热衷于购买书籍和课程，仿佛拥有它们就能自动获得知识和成长。然而，这种不断尝试和放弃的过

程，并没有带来任何实质性的成果。

一开始我也不知道为什么会出现这种状态，也是经过好几年才发现，这其实是完美主义和对未知的恐惧表现，害怕失败，害怕不舒服，所以不敢付诸实际的行动。而克服这一点的秘诀就是：有了一个想法后马上行动，做到底，直到看见成果为止。所以，借这次写作的机会，我建立了自己的超能人生俱乐部，第一款产品就是“365超能微行动计划”。让我们从最微小的行动开始改变，欢迎大家入伙，一起无痛改变。

今天，能够完成这3000多字的写作，对我来说，是一次巨大的挑战，我为自己能够做到这一点感到自豪。在撰写这篇文章的过程中，我不仅构建了自己的产品体系，还进行了一次深刻的自我反思。这个过程让我感到非常充实和满足，所以即使进展缓慢，我也觉得一切都值得。

在此，我要特别感谢小鱼老师和编辑团队的每一位成员，感谢你们的耐心和宽容。我还要感谢“锦鲤”，是你把我带入了这个团队。我感激我生命中遇到的每一个人、每一件事，感谢你们给予我的一切，我爱你们！

这段经历让我更坚信，无论遇到什么挑战，只要有支持和爱，我们就能克服困难，实现自我成长。再次感谢所有给予我帮助和启发的人，你们的存在让我的世界更加精彩。

嫣紫柒

如果命运捉弄了你，你就拼命挠命运的胳肢窝

探索自我内心疗愈的践行者

叶小鱼文案课程咨询师

命运似乎总爱作弄我，离开前男友后，我独自一人带着孩子生活，只是没想到，我妈被诊断为阿尔茨海默病。不得已，我硬是要撑起属于我们三人的小家。那时人生已处低谷了，后来才知道，低谷之后，就是转机，没想到在被命运这样捉弄后，我还能拼命挠命运的胳肢窝。

01. 接住命运的“大山”，没想到还有更沉的重担

我决定独自带娃时，是妈妈做了我坚强的后盾。她说：“你只管听从自己内心的选择，孩子我帮你照顾！”

那是我最艰难的一段时间，都是妈妈陪着我，照顾着我孩子的各种大小事。那时，我在一家线下教培机构做课程咨询，一门心思扑在工作上，企图用工作的成就，缓解情感上的伤痛，在一切都有起色时，命运向我压来一座“大山”。

这天，妈妈如往常一样去幼儿园接孩子，而我却接到幼儿园老师电话：“为什么孩子外婆还没来接？我们幼儿园要关门了。”我突然意识到，妈妈可能出事了！我匆忙接回孩子后，马上开始四处去找妈妈。我焦急地把我能呼叫到的人叫上，一起去找妈

妈。我控制不住地想到一些不好的事情，害怕到近乎崩溃。天！我不能失去妈妈！

在多方协助下，在半夜12点，终于在一个离家有一段距离的地方找到了妈妈。那一刻，我根本控制不住地抱住她，不停地说："没事就好！"

原来，她坐的是反方向的公交车，结果迷路了。我意识到：妈妈可能生病了。去医院检查，医生给出诊断，妈妈得了阿尔茨海默病，就是日常所说的"老年痴呆"。这病会导致人忘记各种事情，妈妈不仅不能继续照看孩子，而且还需要我来照顾她。我带着她穿梭于医院间，西药中药都尝试了遍，看着她痛苦喝药的样子，我内心很苦恼。而且我正要面临一个更大的困难：养家的重担完全落在自己身上，要独自照顾老人和小孩。

有亲戚劝我：干脆把妈妈送回老家，这样可以减轻负担。我只是笑着说不需要，我能养着她。

我知道，让妈妈在这种情况下回去，不仅得不到很好的照顾，还更容易被他人欺负。在我艰难的时刻，妈妈对我不离不弃，我又有什么理由放下她？

只不过，当下的处境告诉我，我需要寻求改变。因为，我没有更多的时间去上班，只能尝试寻找一份可以在家里就能做的工作，同时兼顾好照料妈妈和孩子。

没想到的是，这份改变的机会，很快就来到我身边，更没想到的是，这份改变的起源，仅仅只是一通电话。

02. 找到挠命运胳肢窝的工具

在家就可以做的工作有什么？我想到的是做读书博主。偶然刷朋友圈，我看到小鱼老师刚好有个拆书营，于是我果断报名。可惜我的写作天赋并不高，小鱼老师一篇稿子给我反馈，让我改了七八遍，最后还是不能过稿。小鱼老师说："我已经不能通过文字跟你表达了，要不咱俩通个话吧，这样会讲得更清楚。"在电话里，小鱼老师一点一点地告诉我，内容哪里出了问题，应该如何改。讲完后，又询问我是做什么工作的，我把自己基本的情况说了一下，没想到她说："我们刚好也想探索一对一给学员定制学习计划的课程咨询。"

然后，经过互相了解，我了解了小鱼老师的三条工作准则，深感认同，工作准则如下。

一、不能为了卖课而卖课。要深入了解学员情况，根据学员情况定制适合的学习计划。比如文案初阶营是针对0基础的学员，学完后，能搞定文案的基础场景的运用；文案高阶课是带着大家做整体方案，拿到更高客单价的文案；而文案魔鬼实战营，不是想报名就收，因为每周有一次实战变现作业，需要看学员本身时间投入程度，再考虑能不能收进来，否则学员没时间进来进行强化的训练恐怕会浪费学费。

二、绝不过度承诺学习后取得的成果。

三、绝不允许工作人员讲其他同类课程老师的不好。

这三个准则，让我又更深入地了解到小鱼老师的价值观，与我本身价值观是相匹配的。我认识小鱼老师已经很多年了，看着她不断在文案这条路上深耕耘。她给万科、招商银行等五百强企业讲文案课，写的《新媒体文案创作与传播》不仅畅销，还成为双一流大学的文案教材，可以说她讲解的文案知识点肯定是这个行业权威靠谱的，而且文案课迭代了很多次。于是我下定决心跟着小鱼老师一起做课程咨询。

就这样，我有了一份在家就能做的工作。命运捉弄了我，让我身处低谷，但我也找到了挠命运胳肢窝的工具。而且，我在这份工作中也找到了自己存在的价值和力量！

03. 让更多人找到价值

做课程咨询对我来说，充满了意义感，没想到这么一做，就做了4年。在这里，我认识了很多人，有想要精进技能的各行业精英，有想要寻求副业收入的宝妈，有想要通过文案助力生意的创业者……无论什么职业，大家都有一个核心目标：学好文案，增加一项生存技能。让我最有成就感的是，能够协助他们选择适合自己的课程，并亲眼看到他们的改变。

有个学员叫“聪明的呆呆”，2023年的2月，加上我微信。她原本做工程管理的，但是不喜欢这份工作，直接裸辞，想要转行做文案。基于她这个情况，我推荐她先尝试叶小鱼文案初阶训练营，在一个月内，通过课程快速熟悉这个行业，然后拿着课程里的作业作品集去面试，这样就比其他没行业经验的人更有竞争力了。

在她身上我看到了什么叫"用心"，写完作业她还会根据助教老师的反馈再改，改到满意为止。相当于一次作业，她写了三次。一个月的学习结束后，她拥有了一份质量不错的文案作品集，原本担心自己没经验的她，没想到有3家公司争着要她。她选了最喜欢的那家，入职后，为了应对工作中更复杂的应用场景，她主动找我报名学习了叶小鱼文案高阶课，并且一边学一边直接将营销策划思维用在自己工作中，老板频频点赞，她成了他们公司第一个刚过试用期，就立即升职做主管的人，工资也翻了倍。当她过来给我报喜的时候，我也无比激动！

她这样的故事我亲眼见证了很多，在我的影响下，有很多宝妈一边带孩子一边学习文案，跟着小鱼老师写文案变现；还有做财务等其他工作的小伙伴，通过学文案技能，让自己拥有了副业收入。

很多人问我：学文案能不能赚到钱？我觉得这个答案在他们自己身上。因为我在这些赚到钱的小伙伴身上看到更多的是：勤奋、用心，还有那种坚韧不拔的精神。我能为他们做的，是协助挑选最适合当下学习的内容，看着他们一点点努力，去变成自己想要成为的样子，我的成就感就来源于此。

我陪他们走过了人生成长中重要的一段。我自己经历过人生低谷，所以更能够理解他们急需改变的心情。看到有那么多的小伙伴，从一开始的迷茫，到拿到优秀学员，再到变现，我很开心。因为当时，我根据他们的情况，推荐了最为适合他们的课程，总感觉自己也是在协助大家去找到命运的胳肢窝，不论之前你的情况如何，找到那个崛起的点，人生总有希望。

这大概也是我咨询的动力所在，我的儿子元元问我："妈妈，你的工作到底是做什么的？"

我给他讲了很多工作的细节，最后，他为我总结了一句，我觉得特别好，他说："原来妈妈你是帮别人看清自己的问题，然后帮助他们成长的人。元元现在学习非常努力，我也要成为一个能够有能力帮到他人的人。"

每个人或多或少都会遇见各种问题，命运从来不是一帆风顺，甚至充满戏剧性，但只要不认输，去努力寻找突破的路，找到命运的胳肢窝给它使劲挠，命运也会发出笑声。在这条成长路上，我不仅找到了自己的价值所在，也成了他人的引路人和成长见证者，每一次的蜕变都是我们共同书写下的小小传奇。

夏天

那个一直坚持做自己的姑娘，赢了

讨厌一成不变，喜欢一直折腾的姑娘
拿过手术刀，住过破阁楼
文能写广告文案，武能独立飞滑翔伞
叶小鱼营销工作室负责人

如果有平行世界，大概某个世界的我是思维缜密、技术高超的心胸外科医生，某个世界的我是七窍玲珑心的金牌销售，某个世界的我是扛着单反环游世界的摄影师，某个世界的我是讨厌出门宅家码字的作家……

但是在这个世界，这些事情我都做过，也都放弃过。也许未来我还会尝试新事物，但大概这就是我来这个世界的使命。

01. 在医院哭了整整一年后，我决定放弃父母选的路

高考填志愿时，选了父母说“越老越吃香”的职业——医生。高考分不高，怕被本科院校调剂到护理，决定先报专科，再专升本考研。大三那年实习时，比起内科，我更喜欢手术室。在手术室的我，就像打了肾上腺素，脑袋更清晰，反应更快。加上从小力气就比其他人大一些，老师们都愿意带我。

但是，在手术室外的我，就变成了另一个人。每次看到家属哭，我比人家哭得还惨。如果遇到有人去世，更是难过到一周缓不过来。

刚开始老师们说，没事，一个月之后就不哭了。一个月之后

说，三个月就不哭了。半年之后我还是哭，甚至开始恐惧和家属沟通，生怕人家还没哭，我先哭了吓到别人。

一年实习期结束，去各个科室找老师签字时，他们都会问我："还哭吗？"一听到我说还哭，都忍不住"哎哟"一声。本来非常外向活泼的我，只因一年的实习就变得多愁善感，越来越喜欢待在房间里，甚至不想见朋友。

犹豫很久，我还是决定放弃这条路，总觉得如果真的当了医生，我会在成为优秀的医生前先得抑郁症。但我也知道，如果专升本通过，父母一定会让我学下去，或许还会有"再过几年习惯了就不会哭了"的说辞。

所以连青春期都没有叛逆过的我，第一次决定要自己选择人生。考试时，我找到正确答案，然后选择错误的那个，大题也空了一些没有做，心里盘算着分数。既怕被录取不敢做对太多，又怕分太低被父母发现。当结果出来，看到自己没达到录取分数线的那一刻，我松了一口气。

那个第一次叛逆的姑娘，小小地赢了一次。

02. 从销售、摄影师到文案人，乱来的人生没有完蛋

父母想让我在家乡找份"安稳"的工作，大概还有他们暂时没说出口的"早点结婚生孩子"。但我坚决要去上海看看，父母

从不同意到勉强妥协。临走时我妈舍不得，我爸半开玩笑地说："不用担心，估计待不了3个月就回来了。"我没接话，却暗下决心，一定不要灰溜溜地回家。

专业不对口，也没有一技之长，我先做了一年的销售。但在工作过程中我非常清楚我对这份工作不是热爱，而是想把它当作留在上海的跳板。所以在攒到第一笔钱后，我开始思考，自己到底喜欢什么，想过怎样的人生。

后来我看到一本书，名叫《何必等来生》，作者燕子是学法律出身，因为喜欢拍照转行成为摄影师，在北京开了自己的工作室。书里有一段话我很喜欢：

"有些事情，听过了不去试试就永远只是听说过。想做的事现在就去做，何必等来生。"我反复读这句话，从中获得了力量和勇气。最坏的结果，不过是没成为任何人，大不了再回来做销售。

基于兴趣做过两年摄影师，但每天固定的上班时间，消失的节假日，让我开始思考，如何能成为自由职业者。只要人脑加电脑，我能在任何地方赚到钱。

于是我开始疯狂地学习，花出去的学费10万打底，从熟悉的PS课、设计课到不熟悉的PPT课，各类写作课、插画课，甚至同一个课程，我报多个老师进行对比。

说实话，转行没那么容易，同样是学PS，别人1小时做好，我需要3小时，那么这个行业我就做不了，或者说赚不到平均水平的钱。学写拆书稿，根据老师给的框架，我能写出50分的基本内容，但离达到打动人心的程度总是差一口气。投入10万多，一分钱都没赚回来。

直到我遇见叶小鱼变现课，我的自由职业之路渐渐清晰起来。从第一次交作业，我就明显感受到这里的不同。对作业的点评不仅仅是“优秀”“良好”，而是根据写的内容，每一篇作业都有针对性地详细反馈。每次问助教问题，她们的回复从来不是“多学多看就知道了”，而是帮我梳理问题点，引导我自己思考找到答案。即使告诉我答案，也会给我解析思路。

如果说其他课程我是被卷、被淘汰的人，那么文案课，是我第一次成为“讨厌的卷王”。学习期间，我每节课都会看3遍以上，根据课程内容，自己找相应的案例学习、仿写。结营的大作业，除了甲方给的资料，自己去调研竞品，每天写到凌晨两三点，也总是有不满意的地方想要调整。于是顺利上稿，甲方看完我的文案，甚至说完全没有需要调整的地方。这是我第一次，通过人脑加电脑真正赚到钱。

但我没想到，这只是开始。结营之后，我把每篇作业都重新梳理写成完整的文案作为个人作品。同时努力连接甲方，只要群内有人说有需求，我都会仔细询问，认真调研。也会去某宝搜产品，看到谁家文案我能改得更好，就把作品和调整思路甚至文案直接发过去。我当时的想法是：即使对方用了我的文案不给钱，我也锻炼了自己，并且我可以把他调整后的当作我的作品，再向其他人展示。

渐渐地，有人开始找我写稿，刚开始投稿5篇只过1篇，再投稿5篇能过3篇，而稿费也从开始的200到500，再到1000。这个过程我大概花了4个月。在这4个月内，我每天最早的睡觉时间是凌晨2点，有时甲方着急要，甚至会写到早上6点。累是真的，但我知道，每多看到一次交稿后的朝阳，我就离自由职业更近一步。

写文案期间我并没有辞职，而是去一家相对轻松的摄影工作室上班，同时提高文案能力，跟着叶小鱼老师学习高阶文案课，线下私房课。在和其他写手的沟通中，我发现自己有一个小优势，就是能快速、准确地抓到“需求点”。也许是曾经的销售工作给我潜移默化的帮助，也许我就是个“商业文案脑”。总之，每次沟通时，无论是甲方的需求点，还是产品的卖点，我总是比其他人理解得更快。

那时我们有个接单群，有时候看到其他人提交的文案，我瞄一眼就知道他完全没懂需求。长期合作的甲方有急活，我会介绍给其他不错的文案写手，但是在沟通中，也会发现他们的思考误区。于是在一次次给他们梳理的过程中，我也不断成长，同时越来越懂得如何“用对方能懂的方式解析卖点”。

03. 牧羊少年奇幻之旅，你想要的宝藏一直在身边

2023年，我30岁。在确认我的文案能力能让我在任何地方赚

到钱后，我第一次裸辞，开始了半年的旅居生活。

在大理放松紧绷10年的大脑，在香格里拉本想等日落却等来一场大雨，在西藏忍着高反也要跑着拍牦牛，在珠穆朗玛峰上给10年后的自己留言，在不同的寺庙里迎着阳光冥想，更新人生的思考，在尼泊尔了解不同的信仰，在敦煌看到纪录片里的壁画，在拉萨河边救下一个想要轻生的姑娘。

在旅行的路上，有一天叶小鱼老师联系我，说叶小鱼营销工作室缺人，问我有没有意愿过来。我翻了翻老师的朋友圈，发现她这7年一直在深耕文案课程，而且在不断迭代更新。在详细沟通过后，我知道比起自己单打独斗，和有经验的人合作，更能起到1+1>2的效果，于是我加入叶小鱼营销工作室。

从2024年3月份到现在，我在叶小鱼营销工作室一对一辅导了100多个人。我帮助叶小鱼文案初阶训练营学员梳理文案学习思路，一对一改稿；帮助高阶训练营的学员调整文案框架的误区，带大家做创意训练；帮叶小鱼魔鬼实战营学员做品牌策划思路的分析，告诉他们如何搜索和拆解案例。就像我曾经在这里学到的那样，比起结果，我更愿意引导他们思考。

这几个月在叶小鱼营销工作室经过我辅导的学员，凡是一直交稿没有放弃的人，每月稿费全部翻倍，单篇稿费也从200元涨到500元。一些学员也开始自己连接甲方，逐渐开启她们的文案之路。

在5年前报名文案变现课时，我的目标是达成自由职业，但我不知道目标将在哪里实现。而走了一圈回到原地，我变成了更好的自己，也实现了当初的目标。

人生，是体验之和。如果这个人生剧本是我为自己选的，那我想我唯一的目标就是：做自己。做一切自己以为没可能的事，去尝试，去成功，去失败。

地图鱼

人生没有白走的路，
每一步都算数

爱挖掘文案宝藏的家伙

指尖上跳动的灵魂舞者

叶小鱼助手，叶小鱼文案团队成员

很喜欢李宗盛写的一则广告语：“人生没有白走的路，每一步都算数”。你年少时走过的路一定不会白走，正如吃过的食物、学过的知识，早已在不知不觉中融入你的骨血里。

虽然每个人的人生路都不相同，偶尔是直路，偶尔是弯路，但每一步都有意义，每一步都是为了塑造更好的你。那些或大或小的梦想，都会在日复一日、一点一滴的努力中可感可及，在不弃寸功、不舍微末的前行中开花结果。

01. 成长：世界那么小，却又那么大

每个人的生命都是一本书，而我的书页上写满了泥泞与星光。我是地图鱼，原名陈文雄，出生在粤东的一个客家小山村，打小生活在泥瓦房构筑的小天地里。虽然日子过得比较艰辛，但万幸有一对爱我和哥哥的父母，他们非常重视“耕读传家”的传统，没有减少教育上的支出和投入，让我们在小的世界里有机会看到更大的世界。

小时候，家里的收入不多，所以永远没有结余。每次看到母亲难过却装作坚强的样子，心里都会刺痛难受；看到田里劳作的父亲被汗水浸湿的衣背，深深体会到了父母的辛劳，这些都坚定

了我努力学习、改变命运的决心。母亲一直叮嘱我说只有读书才有出路。我的学习成绩在学校里名列前茅，后来我考进了县里的重点高中。

来到小城里读书，我开始在繁华中独立，依旧还有些懵懵懂懂。在高一下学期文理分科之时，虽然文科成绩远比理科好，却在“理科更好找工作”的声音干扰下选了理科，后续的高中生涯即便再努力，成绩也没能提升，高考落寞地用接近本科的成绩考上了广州的一所大专院校。

人生就像一场没有彩排的戏，每一步都走得如此真实而坚定。在广州这样一座大城市里，繁华更胜，落寞依然。本着“选好专业，更好就业”的思路，实习时我果断地选择了食品检测的方向，毕业后相继在微生物研究所做检测员，在牛奶工厂做三班倒的生产线操作工。本着“能吃苦，啥都不怕”的精神，双手挣的收入每个月还能寄一部分回家，年底还能为家里购置电器，虽辛苦，却也快乐。虽然时间变得碎片化，但每日我都坚持写日记记录生活，闲时也不忘多看书提升自己，想着即使做的是“无用功”也不怕，说不定以后这个写作的特长还能用得上。

天有不测风云，有一次上夜班时我不小心扭伤了腰，开始为省钱并未重视，随着时间的推移，痛得难受才去武警医院看医生，结果出来才知腰椎间盘突出。那段时间实在上不了班，就申请回老家休养了大半年，于是有了一段消沉却又难得冷静的时光。

我待身体感觉稍好了，卡着时间点给自己定了考驾照的目标，顺便重新思考一下自己以后的去路。在网上寻找和文字相关的职业，偶然间看到了“文案”，发觉入行门槛不高，便思索着从事这一职业的可能性。自己虽然有着理科的思维，却热爱文字，转型为“文案”无疑是一个不错的选择。庆幸自己当时在写作上的坚守，虽作品不显，但走过的每一步都没有白费。

02. 入行：在有光的地方，抓住机会生长

在有光照进来的地方，就可以像小草一样抓住机会生长。我辗转来到了东莞，和父亲住在一起，也更便于照顾彼此。在这段日子里，我也和哥哥谈了许多，他以自身的经历，告诉我：“不要放弃，坚持下去，总会有机会的。”为此，我尽可能将自己写的文字作品收集起来，当作文案入行的敲门砖。

夜色难免微凉，前方必有曙光。2018年1月，想着自己啥都没有，有啥好怕的，我坚定地带着自己认为写得还算可以的散文、诗歌等作品，往十多家招文案的公司投简历，历经一遍遍的面试和洗刷，终于迎来了些微的曙光。面试我的人叫David，他当时问我：“没经验的你，觉得自己可以做好文案这个工作吗？”我在犹豫片刻之后果断答道：“没有谁是天生就会的，我肯定可以做好文案这个工作。”最后我幸运地通过了面试，被招进了这家卖纸尿裤的电商公司，开始了稍显坎坷的文案生涯。

我十分珍惜这来之不易的机会，无奈自己的文案基本功不扎实，文案被我做成了文员的模样。自己当时是采取写文案作品的思维去做事，明显缺乏文案是为商业服务的思想种子；各个平台上发的文字内容千篇一律，阅读者寥寥，没能达到吸引客户观看和下单的目的。

后面我只能尝试调到电商客服、推广、直播等岗位，不知不觉中成了一个粗通不精的“多面手”。当然，这段时间的成长是非常难得的，虽然文案方面不见效果，却有了许多接触其他新事物的机会，不知不觉中拓宽了自己的视野。我也曾怀疑过自己是否适合做文案，在强烈的危机感之下，我开始报相关的网课先学着。

2018年9月，机缘巧合之下，我在网上看到了叶小鱼老师的文案初阶训练营，发现通过系统地学习，是可以掌握相对应的底层逻辑和方法论，进而成长为一名合格的文案写手的。这个时候的我，就像是遇到了一捆救命稻草，利用下班时间如饥似渴地将文案初阶营的知识点整理成笔记，同时借助助教的作业反馈来总结提升自己。经过学习，我发觉自己原本一窍不通的文案思维被打通了，在日常的工作中虽然还是有些磕绊，但能够用文案的“心法”处理遇到的问题了。自己也开始关注日常看到的文案，思考它们为什么这样写，觉得好的也会摘录下来模仿练习。渐渐地，自己的基本功有了缓慢的提升，不再像之前一样丈二和尚摸不着头脑了。

再小的梦想，也需要脚踏实地地坚持。我知道自己在文案上并没有特别的天赋，勤能补拙，肯定能在学习中得到成长，一次不行就学两次。后来我又选择复训了一次，来巩固自己所学的知识，同时靠着对生活的感悟、对社会百态的体察和对人性的认知，终于拿到了文案路上的敲门砖，在工作中渐渐熟能生巧、得心应手。

03. 积淀：路虽远，行则将至；事虽难，做则必成

人生有风有雨是常态，风雨无阻是心态，风雨兼程是状态。2020年6月，我来到另一家做工业制品的公司做文案，工作之中越发认识到自己的知识不够用，于是继续报了叶小鱼老师的文案高阶训练营，疯狂地啃食文案知识，全部课程视频看了许多遍，一字不落地做好笔记，迭代好全部的作业。在这个过程中，终于拿到了初阶营时都未能拿到的优秀学员，这让我进了精英群，有了更多参与接单和变现的机会。

后来，备受鼓舞的我，又参与学习了叶小鱼老师的文案魔鬼实战营。其中印象最深的是，自己的一份短视频账号定位策划案第一次被选中，经过数次的反馈和修改过稿了，也第一次领到了1000元的稿费，这不仅让我有胆气敢尝试去接更多的单，边实践边提升自己，也让我开始注重多看、多思考，通过市场调研获取

更多的创意，不至于掉进“书到用时方恨少”的怪圈里。

在多次的文案训练营学习之后，我怀着忐忑的心情加了叶小鱼老师的微信，虚心向她请教文案学习和职业发展上的问题，叶小鱼老师都耐心地给予了解答和帮助，使我明白了“文案是解决问题的一种思路”，也知晓了诸如文案能力书单、看广告前沿动态、日常刻意练习、在实战中复盘等提升的方法。

偶然间，我发现叶小鱼老师也在东莞这座城市，多次接触后我正式成为叶小鱼文案团队的一员，有了很多难得的文案策划方面的提升机会。在这里，我不仅在第一线参与了不少于60家文案需求方的沟通、接单，迄今为止通过额外的机会变现已经超过2万元，还跟随叶小鱼老师在学习中积累了不少的经验，提升了自己。

对于文案从业者而言，系统学习与持续精进不仅是职业基石，更是灵感之源。“系统学习”意味着从基础的语法修辞到高级的营销策略，从品牌故事的构建到用户心理的把握，都需要系统地学习。我们可以多参加专业的文案培训课程、阅读相关书籍、向行业前辈或同行请教，以不断提升自己。“持续精进”就是在快速变化的市场环境中，文案人要时刻保持敏锐的直觉，不断更新自己的知识库和技能树，多通过实践来检验理论，通过反馈来调整策略，通过失败来汲取教训，通过实战和复盘更好地发挥自己的优势。

在人生的长河中，每一步都算数，因为它们共同编织了我简单而不平凡的旅程。每一次的文案创作，对于文案人都是一次新的挑战，也是一次成长的机会。只有不断打磨自己的技能，才能在纷繁复杂的世界中，找到属于自己的光芒。未来，文案之路，与君共勉。